# MILAGROS YA

## Las 108 herramientas que te cambiarán la vida

GABRIELLE BERNSTEIN

# MILAGROS YA

## Las 108 herramientas que te cambiarán la vida

GABRIELLE BERNSTEIN

EL GRANO Ð MOSTAZA

Título original en inglés: MIRACLES NOW
Copyright © 2014 by Gabrielle Bernstein
Publicado originalmente en 2014 por Hay House Inc. USA
Título en castellano: MILAGROS YA
Subtítulo: Las 108 herramientas que te cambiarán la vida

Autora: Gabrielle Bernstein

Primera edición en España, marzo de 2017

© para la edición española: El Grano de Mostaza Ediciones

Depósito Legal: B 5925-2017
ISBN: 978-84-946144-9-1

El Grano de Mostaza Ediciones S. L.
C/ Balmes, 394, principal primera, 08022 Barcelona, Spain
www.elgranodemostaza.com

A mis grandes maestras
espirituales, Marianne Williamson
y Gurmukh Kaur Khalsa.

Gracias por recordarme que la
luz que veo en vosotras es un
reflejo de mi propia luz.

# CONTENIDOS

Introducción     11

1.    La felicidad es una opción que eliges    17
2.    Limpia tu parte    19
3.    Para sentirte apoyado, apóyate a ti mismo    21
4.    La paz está en el pulso    23
5.    ¿Por qué estoy hablando?    26
6.    La paz comienza CONTIGO    27
7.    «El milagro llega silenciosamente»    29
8.    Las listas de canciones positivas son poderosas    31
9.    «Cuando te sientas desvalido, ayuda a alguien»    33
10.    El sueño es una práctica espiritual    35
11.    La preocupación es una oración que pide el caos    37
12.    «Todas las mentes están unidas»    38
13.    ¿Dónde está el amor?    40
14.    ¡Sal de ahí!    42
15.    Supera los bloqueos con la respiración de fuego    44
16.    Haz del perdón una práctica    46
17.    Medita para soltar los enfados de la niñez    48
18.    ¡Simplemente pide!    51
19.    Sé más como un niño    53
20.    Las intenciones crecen cuando se comparten    55
21.    Medita antes de acudir a una cita    57
22.    Pierde el pánico escénico    60
23.    Reza antes de pagar    62
24.    No te compares más    64
25.    ¡Aplica el *tapping* a ese estrés!    66

| | | |
|---|---|---|
| 26. | Piensa en tu camino para salir del miedo | 72 |
| 27. | Perdona y borra | 75 |
| 28. | Ofrece cumplidos sinceros en abundancia | 77 |
| 29. | Tú no eres tus hábitos | 79 |
| 30. | Practica la meditación de la mochila | 82 |
| 31. | Sé el faro | 85 |
| 32. | Báñate en luz | 89 |
| 33. | Causa una profunda impresión | 91 |
| 34. | Sé una máquina de amar | 93 |
| 35. | Entrega tus obsesiones | 95 |
| 36. | Supera los bloqueos | 97 |
| 37. | Comparte tu luz con el mundo | 99 |
| 38. | Considera a quien te atormenta como un mentor | 102 |
| 39. | Basta con hacer acto de presencia | 104 |
| 40. | Medita para sanar la adicción | 106 |
| 41. | Gestiona el temor tras un suceso terrorífico | 109 |
| 42. | Respeta el dinero y el dinero te respetará a ti | 111 |
| 43. | Elijo paz en lugar de esto | 113 |
| 44. | Empieza el día con el pie derecho | 115 |
| 45. | Que la paz sea tu respuesta | 117 |
| 46. | Mide tu éxito en función de cuánto te diviertes | 119 |
| 47. | Tu presencia es tu poder | 121 |
| 48. | Resuelve el conflicto interno | 125 |
| 49. | Protégete de la energía negativa | 127 |
| 50. | «El amor entrará de inmediato en cualquier mente que en verdad lo desee» | 130 |
| 51. | ¡Deja que la gente despotrique si quiere! | 132 |
| 52. | Medita para abandonar la irracionalidad | 134 |
| 53. | Valórate y el mundo te valorará | 137 |
| 54. | Siempre hay una solución orientada al bien mayor | 139 |
| 55. | Dale un giro a tu tensión | 141 |

| 56. | Da más de aquello que quieres recibir | 144 |
| 57. | Entrégalo todo | 146 |
| 58. | Aplica el *tapping* al dolor | 149 |
| 59. | Honra tus compromisos | 153 |
| 60. | Celebra tus pequeños éxitos | 155 |
| 61. | Para conservar la paz, hazla real | 157 |
| 62. | Tómate un descanso de un minuto para expresar gratitud | 159 |
| 63. | A veces «no» es la respuesta más amorosa | 161 |
| 64. | La quietud es la clave del éxito | 163 |
| 65. | Medita para no perder los estribos | 165 |
| 66. | «Comprende por medio de la compasión o malinterpretarás estos tiempos» | 168 |
| 67. | «Promueve lo que amas en lugar de atacar lo que odias» | 170 |
| 68. | Gestiona a los resistentes | 172 |
| 69. | Tenlo todo | 174 |
| 70. | Encuentra a tus compañeros en el camino espiritual | 176 |
| 71. | Descansa, relájate, restáurate | 179 |
| 72. | Deja que el Universo haga sus cosas | 183 |
| 73. | Da un descanso a tu cerebro | 185 |
| 74. | Deja de ser tan condenadamente negativo | 186 |
| 75. | Desbloquea tu vientre, desbloquea tu vida | 188 |
| 76. | Deshaz la inmovilización energética | 190 |
| 77. | Aprovecha el poder de la empatía | 193 |
| 78. | Lidia con tu propia mente | 195 |
| 79. | Siente un brote natural de amor | 197 |
| 80. | Las cualidades de los demás que nos disgustan son partes no reconocidas de nuestra sombra | 199 |
| 81. | Toma decisiones con facilidad | 201 |
| 82. | No te quedes en el perímetro de la persona que quieres ser | 204 |
| 83. | El perdón te libera | 206 |

84. Cuando el tiempo se te eche encima,
    ponte en marcha y la presión desaparecerá      209

85. Las relaciones íntimas pueden ser tu mayor
    herramienta de aprendizaje                      211

86. Sé el alumno feliz                              214

87. Confía en tu sensación visceral                 216

88. Cambia de estado de ánimo con un ritual         218

89. Haz dinero y obra milagros                      220

90. «"No" es una frase completa»                    223

91. Meditación para la memoria                      226

92. Date permiso para sentir                        229

93. Medita con un *mala*                            232

94. Conversa con el Universo                        234

95. No necesitas encontrar tu propósito.
    Tu propósito te encontrará a ti                 238

96. Tus ojos verán lo que desees                    240

97. Respira como un perro y potencia tu sistema inmunitario      242

98. Restringe la pluma y la lengua                  244

99. Deja de obsesionarte                            246

100. Recupera energía cuando vayas corto de sueño   248

101. Vive en una zona libre de juicio               250

102. Cuando tengas dudas, despliega toda la escena  252

103. ¿Cómo vivirías si supieras que eres guiado?    254

104. Afronta la verdad                              256

105. La verdadera abundancia es un trabajo interno  258

106. Repetir una nueva conducta crea un cambio permanente      260

107. «Enseñar es aprender»                          262

108. Tú eres el gurú                                265

Agradecimientos                                     267
Sobre la autora                                     269

# INTRODUCCIÓN

«No creo en los milagros. Confío en ellos.»

YOGI BHAJAN

A lo largo de los últimos años nuestro miedo y negatividad colectivos han afectado adversamente a la economía, al medio ambiente y a la salud de todos los seres del planeta. Debido a las nuevas tecnologías, al calentamiento global, a la crisis financiera, a los delitos violentos, a las agitaciones políticas y a los cambios planetarios, nos hemos sensibilizado más a la energía que nos rodea y al ritmo de la vida. El mundo se ha acelerado, y puede ser difícil navegar en los cambios que estamos experimentando. La intensidad de estos tiempos puede resultar muy incómoda y, en muchos casos, paralizante. Sin una dirección clara, las personas pueden sentirse desalineadas con su propósito, sus relaciones y su conexión general con el mundo.

Ahora mismo estamos en una posición poderosa y especial porque el mundo está viviendo un despertar espiritual. Cuando la energía se acelera, no queda espacio para jugar a ser pequeño y nada puede permanecer oculto. En algún momento todas las mentiras son llevadas a la superficie y surge la verdad, por más que tratemos de esconderla. Los cínicos llenan las clases de yoga y el coro espiritual se está ampliando. Existe una llamada masiva que pide más trabajadores de la luz, y ahora es el momento de alzarse y llevar más positividad al mundo. Cuando las masas empiecen a vibrar con una energía de amor, el mundo dejará de ser un lugar de guerra, violencia y mentiras.

Este libro te situará en el camino correcto y te ayudará a soltar el miedo y la tensión para que puedas atravesar los obstáculos con rapidez. En este día y en esta época necesitas maneras de liberar las tensiones y miedos con rapidez porque es muy posible que no tengas tiempo para hacer una hora de yoga al día o sentarte en meditación treinta minutos cuando surja la ansiedad. Resulta imperativo disponer de herramientas para generar cambios rápidos.

Este libro ofrece métodos profundamente conmovedores para alcanzar la paz, extraídos de las grandes enseñanzas espirituales del mundo. Lo singular de las técnicas que he elegido es que puedes usarlas para despejar la tensión y el miedo en cualquier momento, aunque solo puedas dedicarles un minuto. Seamos honestos: ya estamos suficientemente abrumados. Nuestra práctica espiritual no puede incrementar esa sensación de agobio. Más bien debe estar diseñada para deshacer el estrés y la presión con rapidez, para que podamos vivir con fluidez. Este libro es un coloso para eliminar el estrés.

*Milagros ya* contiene ciento ocho técnicas para los problemas más comunes que solemos afrontar. Cada técnica apunta a un problema y ofrece principios espirituales, meditaciones y herramientas prácticas de aplicación inmediata. Explico cada técnica con detalle para hacerla fácil de digerir. He incorporado poderosas verdades espirituales, transformadoras meditaciones *kundalini* y lecciones y principios del texto metafísico *Un curso de milagros*.

Como estudiante y profesora de *Un curso de milagros*, de *kundalini* yoga y de meditación, mi misión es llevar estas verdades espirituales, capaces de cambiar vidas, a todos los buscadores. *Un curso de milagros* es un programa de estudios metafísico basado en el principio de que, cuando elegimos el amor en lugar del miedo, experimentamos un cambio milagroso. El *Curso* hace hincapié en que dejemos nuestros temores al cuidado de nuestro guía interno, y pone mucho énfasis en el perdón. También enseña que la experiencia del perdón nos conduce a la verdadera paz.

El *kundalini* yoga es el yoga de la conciencia, y se enfoca en potenciar la intuición y fortalecer el campo energético. Permite la manifestación del potencial creativo del individuo para que este tenga unos valores fuertes, sea sincero y se centre en la compasión y en la conciencia. Llegó a Occidente de la mano de Yogi Bhajan, un maestro de yoga; él trajo estas enseñanzas porque sabía que necesitaríamos la tecnología *kundalini* para equilibrar las energías que estaban por venir. Ya en la década de los setenta, Yogi Bhajan profetizó que estos tiempos serían tumultuosos. Dijo al respecto: «La capacidad mental alcanzará su punto óptimo a fin de lidiar con la vida de cada día. El mundo se volverá cada vez más y más pequeño. De modo que la vitalidad del ser humano tiene que hacerse cada vez más y más grande». Sintió que su misión era darnos las herramientas para que podamos calmar nuestro sistema nervioso, recuperar la energía y cultivar la compasión.

Es un gran honor compartir los principios tanto de *Un curso de milagros* como del *kundalini* yoga a lo largo de este libro. Estas herramientas te ayudarán a soltar todo lo que te impide conectar con tu poder interno. Con la práctica de estas técnicas, el temor se fundirá, surgirán la inspiración y una sensación de paz. Y lo más importante es que establecerás una relación con tu poder interno, relación que es esencial. El poder del que hablo es tu conexión con el amor. Cuanto más nos sintonizamos con nuestra propia frecuencia amorosa, más se extiende el amor. Cuando nuestra tendencia general sea hacia el amor, no quedará lugar para la violencia y la guerra. Confía en mí cuando te digo que tu práctica es esencial para el despertar del mundo. La energía de cada persona cuenta.

Estas técnicas son tan importantes por otra razón que va más allá de nosotros: a medida que eliminamos el estrés de nuestra vida, ayudamos a otros a hacer lo mismo. Piénsalo. Cuando entras en una habitación y estás estresado, haces que el nivel de energía baje inmediatamente: tus amigos, familiares, compañeros de trabajo e incluso los extraños notan tu tensión y se sienten incómodos. Pero, cuando al entrar en un espacio te sientes en calma y en paz, desprendes gracia y relajación. Esa gracia les es otorgada en el momento a todos los que te rodean, aunque no se den cuenta de ello a nivel consciente.

Tu energía tiene mucho más poder del que te puedas imaginar. Hay energía en las palabras que pronuncias, en tus *emails* y en tu presencia física. Cuando funcionamos con un estado energético de temor y de baja vibración, nuestros pensamientos y energía pueden literalmente polucionar el mundo. Por el contario, cuando funcionamos en un nivel de energía positiva, el mundo que nos rodea se vuelve más positivo. Lo cierto es que el temor no puede coexistir con el amor. Por lo tanto, debemos aprender a disolver todas las fronteras con amor, responsabilizándonos de nuestra propia energía. Al hacerlo, elevamos la energía que nos rodea.

Para que esta práctica sea aún más radical, te voy a preparar para ser un mensajero de los milagros. *Un curso de milagros* enseña que, cuando dos o más personas se reúnen en nombre del amor, se produce un milagro. Por lo tanto, a medida que uses estas técnicas te sentirás guiado a compartirlas. Cada práctica diaria se ha resumido en una breve explicación de ciento cuarenta caracteres. (Y yo *sé* que tú puedes con ciento cuarenta caracteres.) Si te gusta, compártela. Puedes tuitear el mensaje, pasarlo en una nota, colgarlo en Facebook o transmitirlo en Instagram. Cada mensaje milagroso acabará con la etiqueta #MilagrosYa. Usamos esta etiqueta con la intención de asegurarnos de que tus tuits empiecen a crear tendencia. Y no hay tendencia más poderosa que la del amor. Cuando te sientas inspirado, es importante que compartas el mensaje. (Los lectores del *ebook* pueden compartirlo desde su lector.)

Mi esperanza y mi intención son equiparte con principios espirituales radicales, meditaciones transformadoras y prácticas de *mindfulness* (atención al momento presente) que te ayuden a desplegar tus capacidades más elevadas, a experimentar una vida más alegre y a servir mejor. Seguir este plan conlleva una recompensa inmensa: ¡te sentirás genial! Esa lista de cosas que quieres hacer antes de morir se hará realidad; tu vida real superará tus sueños más atrevidos. La aplicación diaria de estas simples técnicas resulta extremadamente poderosa porque los milagros surgen de nuevos hábitos y de los cambios de percepción.

Si practicas estos principios, superarás rápidamente cualquier dolor que te obstaculice y harás espacio para enriquecer tu experiencia. Me refiero a todos los aspectos de tu vida: relaciones, trabajo, dinero, salud, sentido de identidad, y así sucesivamente. Y, lo que es más importante, dispondrás de este repertorio de técnicas espirituales para navegar por las salvajes energías de nuestro tiempo.

El mejor modo de emprender este viaje es mantenerse abierto a cada una de las técnicas, independientemente de cuál sea tu reacción inicial a ellas. Tengo la esperanza de que pruebes cada una de ellas al menos una vez. Date la oportunidad de sorprenderte. Después podrás decidir qué herramientas son mejores para ti. Aunque solo apliques con regularidad una de ellas en tu vida, experimentarás cambios milagrosos.

Ahora pon este tren de los milagros sobre sus raíles y comienza a superar tus bloqueos, a soltar la ansiedad y a vivir libre de temor. Vamos a empezar a crear *milagros desde ya*.

# 1. LA FELICIDAD ES UNA OPCIÓN QUE ELIGES

Cuando alguien me pregunta cuál es la lección más importante que he aprendido, mi respuesta es: *la felicidad es una opción que yo elijo.* Resulta muy fácil buscar la felicidad fuera de nosotros: en una relación, en un trabajo de ensueño o en el peso corporal perfecto. Cuando perseguimos la felicidad fuera de nosotros mismos, buscamos a Dios en el lugar equivocado. La búsqueda externa se basa en falsas proyecciones que situamos en el mundo. Dichas proyecciones construyen un muro que nos impide vivir la verdadera felicidad, que reside dentro de nosotros. Este primer ejercicio te ayudará a entender que nada «ahí fuera». puede salvarte del conflicto que reside dentro de ti. Tienes que desarrollar una vida interna rica para disfrutar plenamente de la existencia.

Cada vez que hacemos este cambio interno y elegimos la felicidad, experimentamos un milagro. Nuestra mente se aleja de las ilusiones atemorizantes y reconecta con nuestra verdad, que es el amor. Para producir estos cambios es necesario comprometerse a elegir el amor. Y para empezar a comprometerte con las nuevas percepciones, comienza por prestar atención a los pensamientos de ataque hacia ti mismo y hacia otros. Cuando notes que tus pensamientos se desvían hacia una modalidad de ataque, di en voz alta o para tus adentros: «La felicidad es una opción que yo elijo». Conviértelo en tu mantra.

Cuanto más te entrenes en elegir la felicidad en lugar del miedo, más dichoso serás. La repetición de un nuevo comportamiento es lo que hace que el cambio perdure. Cuando repites frecuentemente un nuevo hábito, cambias las rutas neuronales en tu cerebro. Este cambio ayuda a establecer la verdadera transformación.

La felicidad es una elección. Puedes elegirla hoy.

¡Ahora es el momento de extender el amor! Repite el siguiente mensaje milagroso en Twitter, Facebook, Instagram, por *email* o simplemente cuélgalo en un panel para transmitírselo a otros.

## Mensaje milagroso 1:

La felicidad es una opción que yo elijo.

#MilagrosYa

# 2. LIMPIA TU PARTE

Si quieres vivir una vida milagrosa, debes estar dispuesto a examinar tu conducta y a asumir responsabilidades por la vida que te has creado hasta ahora. La primera técnica te ha ayudado a entender que la felicidad es algo que eliges. Ahora es el momento de ahondar en esta comprensión al ser testigo de cómo has preferido el miedo a la felicidad.

Esta práctica te ayudará a ser testigo de tus temores sin juzgarlos. Haz una lista de tus diez grandes temores. Mientras los examinas de cerca, sé honesto con respecto a cómo han dominado tu vida. Ve cómo tus pensamientos han creado tu realidad.

Seguidamente, al lado de cada miedo, anota la razón por la que crees que es verdad. Escribe tanto o tan poco como quieras. Solo hay una regla: sé honesto. Tal vez descubras que el miedo se basa en una experiencia del pasado que has rumiado una y otra vez durante décadas. O quizá llegues a la conclusión de que tu miedo se basa en un suceso que aún no ha ocurrido. Al mirar tus temores de frente verás que buena parte de ellos se basan en falsas evidencias que parecen reales. Cuando actúas a partir de estas falsas evidencias, generas caos en tu vida.

Esta práctica te lleva a enfocarte más en ti mismo y menos en los demás, y a asumir responsabilidades por el mundo que ves. Este ejercicio saca a la superficie muchos sentimientos temerosos, y al principio puede resultar duro. Teniendo esto en cuenta, te propongo usar una preciosa oración de *Un curso de milagros*. Cuando te sientas abrumado por los miedos, recítala en voz alta, entrégalos y permite que se establezca la sanación:

Te entrego esto para que lo examines y juzgues por mí. Enséñame a no hacer de ello un obstáculo para la paz.

Ahora es tu turno de recordar a otros que examinen de cerca sus temores. Comienza a plantar las semillas de la positividad con el mensaje milagroso de hoy.

## Mensaje milagroso 2:

Elijo reinterpretar mis temores desde
una perspectiva más amorosa.

#MilagrosYa

# 3. PARA SENTIRTE APOYADO, APÓYATE A TI MISMO

En mis conferencias y talleres a menudo oigo a personas que se quejan de que no sienten suficiente apoyo de los demás. Es posible que se sientan molestos con sus compañeros de trabajo, con sus familiares o amigos; cualesquiera que sean las circunstancias, todos se han deslizado hacia el papel de víctimas y se quejan de la falta de apoyo externo. En lugar de sentir lástima, los pongo ante el espejo universal y les pregunto: «¿Te estás dando apoyo a ti mismo?». En el caso típico, responden llorosos: «No, no lo hago».

Nuestra forma de experimentar el mundo que nos rodea es un reflejo exacto de nuestro mundo interno. Si nuestros propios pensamientos y energía no nos apoyan, no tendremos apoyos en la vida. Por lo tanto, es nuestra responsabilidad apoyarnos conscientemente a nosotros mismos en todo momento.

Cuando estés en un momento de necesidad y te sientas solo y sin apoyos, pregúntate de inmediato: «¿Cómo puedo darme más apoyo a mí mismo?». A continuación actúa. Acciones simples y correctas, orientadas a apoyarte a ti mismo, pueden cambiar enormemente tu actitud y experiencia. Dite algo amable, piensa conscientemente en algo que te fortalezca o pide ayuda a otra persona.

Solemos pensar que los demás deberían ser capaces de leernos la mente y de «saber» cuándo necesitamos ayuda, pero no pueden hacerlo. Las personas de nuestra vida tienen sus propias batallas y desafíos, y es posible que no vean los nuestros, especialmente si aparentamos que todo está en orden. En último término, pedir ayuda es un acto radical de autoapoyo. Una de las principales maneras de no prestarnos apoyo a nosotros mismos es no pedir ayuda. Pedir requiere coraje, pero la recompensa es inmensa. No solo recibirás la ayuda que necesitas, también profundizarás la relación con la persona a quien se la pidas.

Estas pequeñas acciones pueden potenciar mucho tu vida al instante. Este simple cambio de víctima desvalida a persona fuerte capaz de cuidar de sí misma puede transformar tu vida para siempre.

### Mensaje milagroso 3:

Si quiero sentirme apoyado,
debo apoyarme a mí mismo.

#MilagrosYa

# 4. LA PAZ ESTÁ EN EL PULSO

En la vida cotidiana se nos plantean retos incómodos que pueden sacarnos de nuestro estado de paz. Un principio clave que recomendaré una y otra vez a lo largo de este libro para liberarse del estrés y alcanzar la paz es la meditación.

Muchas personas quieren meditar, pero no saben cómo empezar. Son conscientes de los beneficios que comporta y posiblemente han disfrutado de algunos momentos de atención al presente, pero les cuesta convertir la meditación en una práctica diaria. Uno de los obstáculos es que a muchos la meditación les resulta intimidante. Piensan que tienen que convertirse en maestros de inmediato para obtener las recompensas. Pero, si se dice que es una «práctica» es por una buena razón. ¿Esperas jugar al tenis como Serena Williams la primera vez que agarres una raqueta? ¡Por supuesto que no! Ahora bien, eso no significa que no puedas saltar a la cancha con gran entusiasmo y concentración, hacer un muy buen trabajo y mejorar tus habilidades. Lo mismo es válido para la meditación. ¡Los novatos pueden disfrutar inmediatamente de los resultados!

Una manera fácil de empezar a meditar y de sentirse en paz es tomarse el pulso. Esta simple meditación de escuchar tu propio pulso puede calmar la mente, equilibrar los hemisferios cerebrales y recalibrar el sistema nervioso. Esta meditación *kundalini*, llamada «aprender a meditar» es ideal para empezar. Si eres un meditador novato, realiza esta práctica y en breve serás un experto.

Esta simple meditación permite desarrollar la capacidad de concentración. También te ayudará a controlar tus reacciones en toda situación, y llevará calma incluso a la mente más dispersa.

## Aprender a meditar

Siéntate en la «postura fácil» (siéntate cómodamente en el suelo, con las piernas cruzadas, la barbilla ligeramente orientada hacia abajo y el cuello recto.

Cierra los ojos un poco y céntrate en el espacio entre las cejas (el punto del tercer ojo).

El mantra es *Sat Nam* (que significa 'verdad identificada').

La posición de las manos *(mudra)* es simple. Pon los cuatro dedos de tu mano derecha sobre la muñeca izquierda y siente el pulso. Los dedos deben estar en línea recta, presionando un poco la muñeca para poder sentir el pulso en la punta de cada dedo. Con cada latido, escucha mentalmente el sonido *Sat Nam*.

Se sugiere realizar esta meditación durante once minutos, pero puedes experimentar grandes beneficios con solo un minuto. Practícala a diario para desarrollar la intuición y calmar la mente.

### Mensaje milagroso 4:

La paz está en el pulso.

#MilagrosYa

# 5. ¿POR QUÉ ESTOY HABLANDO?

¿Te has alejado alguna vez de una conversación con una especie de resaca por todo lo que has dicho? ¿Te ocurre alguna vez que pierdes de vista tus filtros y hablas demasiado? ¿O eres completamente incapaz de escuchar a los demás porque no paras de hablar sobre ti mismo?

Cuando notes que estás hablando de más, simplemente dite: «ESPERA:¹ ¿por qué estoy hablando?». Esta simple frase te sacará del comportamiento egótico y te devolverá a la verdad. Aunque estés a mitad de una frase, está bien ESPERAR. ¡Usa esta técnica con tanta frecuencia como puedas y pronto te convertirás en un gran escuchador!

Confío en que el mensaje milagroso de hoy va a ser recibido. Comparte lo siguiente:

### Mensaje milagroso 5:

Cuando sientas que has hablado demasiado, dite:
«ESPERA: ¿por qué estoy hablando?».

#MilagrosYa

---

1. En el original se presenta como un acrónimo: «WAIT: Why Am I». Talking? *(N. del T.)*

# 6. LA PAZ COMIENZA CONTIGO

Por más felices o serenos que estemos, siempre hay en nuestra vida algún amigo, familiar o compañero de trabajo capaz de sacarnos de nuestras casillas. En lugar de permitir que esas personas alteren nuestro mundo, es importante entender que son nuestra mayor oportunidad para el crecimiento espiritual.

La técnica de hoy es una fantástica meditación *kundalini* que ofrece una solución rápida, simple y eficaz para olvidar el enfado cuando alguien te cabrea. Puedes practicarla en cualquier momento y lugar. Incluso puedes empezar ahora mismo.

Presiona suavemente el pulgar contra el dedo índice, a continuación contra el dedo corazón, y seguidamente sobre el anular y el meñique.

Al tocarte el dedo índice di: LA

Al tocarte el dedo corazón di: PAZ

Al tocarte el dedo anular di: COMIENZA

Al tocarte el meñique di: CONMIGO

Respira profundo al pronunciar cada palabra. Puedes ir tan rápido o tan lento como desees. Usa esta técnica mientras hagas cola en el banco, ocultando las manos debajo de la mesa en una reunión de la oficina o en medio de una pelea con tu amante. Te permitirá superar todo tipo de emociones locas y te ayudará a liberarte rápidamente del resentimiento.

Ahora es el momento de compartir el amor. Cuelga este mensaje milagroso e inspira a otros a ver sus relaciones como tareas de aprendizaje.

## Mensaje milagroso 6:

Las relaciones son tareas que nos llevan a lograr el crecimiento y la sanación óptimos.

#MilagrosYa

# 7. «EL MILAGRO LLEGA SILENCIOSAMENTE»

En este ejercicio vas a ser guiado a comprender el siguiente mensaje del *Curso:* «El milagro llega silenciosamente a la mente que se detiene por un instante y se sumerge en la quietud». Sumergirse en la quietud no resulta fácil para la mayoría de nosotros. Cuando nos vemos atrapados en el caos de los pensamientos insistentes, cortamos la conexión con la voz intuitiva del guía interno. Buena parte de nuestra ansiedad y del estrés surgen cuando nos enfocamos en el miedo y desconectamos del guía interno. La clave para liberarnos de las tensiones es volver a centrarnos en la quietud y realinearnos con el estado natural de paz. Si queremos vivir una vida milagrosa, guiada más por la intuición que por el miedo, es imperativo disponer de las herramientas necesarias para aquietar la mente.

Si sufres ansiedad, la técnica de hoy es maravillosa. Estos simples pasos que delineo seguidamente se basan en la meditación *kundalini* para liberar la tensión y la ansiedad. Síguelos y disfruta de la quietud que sentirás.

**Primer paso:** Siéntate cómodamente en una silla y apoya los dos pies planos en el suelo.

**Segundo paso:** Cierra la boca y gira la lengua en la dirección de las agujas del reloj, empujando contra la parte anterior de la boca. Hazlo durante entre treinta y noventa segundos.

**Tercer paso:** Invierte la dirección y sigue empujando durante la misma cantidad de tiempo.

**Cuarto paso:** Siéntate en quietud durante un minuto.

Esta práctica te llevará a un estado de serenidad. Sentirás que la ansiedad se disipa a medida que profundizas la conexión con tu guía interno. Así aprenderás que la quietud puede ser la herramienta más poderosa.

Para este mensaje milagroso, puedes compartir la cita de *Un curso de milagros:*

## Mensaje milagroso 7:

«El milagro llega silenciosamente a la mente que se detiene por un instante y se sumerge en la quietud.»

UCDM

#MilagrosYa

# 8. LAS LISTAS DE CANCIONES POSITIVAS SON PODEROSAS

¿Has sentido alguna vez una fuerte reacción emocional ante una canción? Ese tipo de canciones que hacen que te broten las lágrimas y se te ponga la piel de gallina porque te sientes energizado e inspirado. Si te ha ocurrido, sabes que una canción puede ser el catalizador de una asombrosa experiencia de amor.

La música es una de las grandes herramientas para reconectar con nuestro espíritu interno. Espero que hayas tenido esta experiencia con la música en algún momento de tu vida. Pero, si no ha sido así, nunca es demasiado tarde para dar la bienvenida a una intervención musical. Si te sientes frustrado, enfadado o falto de inspiración en algún área de tu vida, puedes usar la música para rejuvenecer desde dentro.

¿Quieres desprenderte de un hábito negativo? Prepara una lista de canciones que te produzcan sensaciones positivas. Crea una combinación de temas que enciendan tu espíritu y pongan una sonrisa en tu cara. Escúchala al despertar por la mañana, cuando vas al trabajo, en el gimnasio, mientras preparas la cena, etc. Y lo más importante: usa ese repertorio musical para cambiar de energía cuando te sientas bajo de ánimo. Puedes llenarlo de canciones pacíficas y calmantes, o marchosas y energizantes (o de ambas). Deja que la música te guíe para reactivar tus percepciones positivas. ¿Necesitas una sugerencia para empezar? Escucha mis listas de canciones para fomentar las sensaciones positivas en Gabbyb.tv/Miracles-Now.

Usa estas listas de canciones a lo largo del día. Con mucha frecuencia nos quedamos empantanados en nuestra apretada agenda de actividades y en las listas de cosas por hacer, y olvidamos poner música y dejar que la mente se reequilibre. Programa unos pocos minutos al día para sentarte en quietud y escuchar una o dos canciones que te inspiren. Relaja la mente mientras dejas que la música te bañe. Este ritual inicia una poderosa práctica meditativa en la que te vuelves hacia dentro y olvidas las preocupaciones mundanas. En esa quietud puedes acceder a tu inspiración.

El mensaje milagroso de hoy es una oportunidad de compartir tu lista de canciones que fomentan las sensaciones positivas. Puedes colgar tu lista en Spotify o compartir una de las que se proponen en este libro. Consulta una muestra en Gabbyb.tv/Miracles-Now.

## Mensaje milagroso 8:

Revive tus buenas vibraciones con una lista de canciones positivas. Gabbyb.tv/Miracles-Now

#MilagrosYa

# 9. «CUANDO TE SIENTAS DESVALIDO, AYUDA A ALGUIEN»

Muchas de las personas que acuden a trabajar conmigo se sienten desconectadas del propósito de su vida. El problema no es que no tengan un propósito, lo que ocurre es que lo han olvidado. Este principio te ayudará a recuperar tu verdadero propósito: ser amor y compartir amor. Este es el trabajo del obrador de milagros. *Un curso de milagros* enseña: «Los milagros ocurren naturalmente como expresiones de amor. Los obran aquellos que temporalmente tienen más para aquellos que temporalmente tienen menos». A medida que te abras a tu poder interno, es importante que aceptes que el verdadero propósito de tu vida es ayudar a todos.

Hoy voy a introducir una poderosa técnica: recitar regularmente una oración de *Un curso de milagros*:

Estoy aquí únicamente para ser útil.

Estoy aquí en representación de Aquel que me envió.

No tengo que preocuparme por lo que debo decir ni por lo que debo hacer, pues Aquel que me envió me guiará.

Me siento satisfecho de estar dondequiera que Él desee, porque sé que Él estará allí conmigo.

Sanaré a medida que le permita enseñarme a sanar.

Las palabras de esta oración contienen la energía y el espíritu del servicio. Una vez más, serás guiado a dejar de ser un obstáculo en tu propio camino mediante el servicio a los demás. Como dijo Auyn San Su Ki, ganadora de un Premio Nobel: «Cuando te sientas desvalido, ayuda a alguien». Deja que el deseo de servir te guíe en la búsqueda de tu propósito.

Para el mensaje milagroso de hoy sugiero simplemente compartir la increíble cita de Auyn San Su Ki. Este mensaje es portador de una energía que tiene que ser compartida.

### Mensaje milagroso 9:

«Cuando te sientas desvalido, ayuda a alguien.»

Auyn San Su Ki

#MilagrosYa

# 10. EL SUEÑO ES UNA PRÁCTICA ESPIRITUAL

El sueño reparador es un ingrediente clave para vivir una vida milagrosa. No digo que necesitemos ocho o diez horas cada noche para sentir que hemos descansado plenamente. De hecho, a veces menos sueño puede ser más reparador que dormir muchas horas. La clave está en dormir realmente... Ese tipo de sueño como cuando babeas sobre la almohada.

En una entrevista, la presidenta y editora jefa de *The Huffington Post*, Arianna Huffington, dijo que el sueño es crucial para la innovación. Comentó: «El mundo necesita desesperadamente grandes ideas, y hay muchas muchas de ellas encerradas dentro de nosotros. Solo tenemos que cerrar los ojos para verlas. De modo que, damas y caballeros, apaguen sus motores y vayan a dormir».

Huffington tiene razón. La falta de sueño es otra manera de impedir que se expresen nuestro poder, creatividad e intuición. A menudo medimos la productividad en función de lo duro que trabajamos y de lo poco que dormimos. Esta mentalidad afecta negativamente a nuestra salud y bienestar general. A lo largo de este libro haré hincapié en que el sueño es una práctica espiritual. El primer paso consiste en aceptar que un descanso reparador comienza con la forma en que nos quedamos dormidos.

Como soy una dama hiperactiva, a menudo me cuesta quedarme dormida. Creo que la manera de tener un buen descanso nocturno es quedarse dormido de la manera adecuada. Si tienes problemas para entrar en el sueño o para seguir durmiendo durante la noche, usa esta técnica de respiración *kundalini* para desconectar y dormir con placidez.

**Primer paso:** Siéntate en la cama con la espalda erguida.

**Segundo paso:** Respira usando la respiración en U (frunce la boca como si sostuvieras una moneda entre los labios). Inspira.

**Tercer paso:** Espira por la nariz.

Continúa con este ciclo de respiración durante un minuto. Inspira en U a través de la boca y espira por la nariz. Pronto te sentirás descansado. ¡Y después duerme profundamente!

## Mensaje milagroso 10:

### El sueño es una práctica espiritual.

#MilagrosYa

# 11. LA PREOCUPACIÓN ES UNA ORACIÓN QUE PIDE EL CAOS

La preocupación es una oración que pide el caos. Por desgracia, preocuparse puede convertirse en un mal hábito que domine tus pensamientos y tu vida. La gente a menudo se preocupa para evitar lidiar con sus verdaderos sentimientos. Esta técnica consiste en poner la preocupación del revés. Una vez más, conviértete en un testigo ecuánime del temor y reconoce el momento en que la preocupación te ha arrebatado lo mejor de ti. En cuanto reconozcas que tu mente se está preocupando, usa esta técnica.

Mírate fijamente la punta de la nariz.

Eso es: dirige la mirada a la punta de la nariz. Esta simple acción puede parar tu mente. Se trata de una herramienta radical para desengancharse de la preocupación y centrarse en la quietud mental. En cuanto la preocupación empiece a pesarte, redirígela mirándote fijamente la punta de la nariz.

El mensaje milagroso de hoy será muy bien recibido. Muchos se preocupan y se obsesionan por pequeñas cosas. El simple hecho de compartir este mensaje puede ayudar a las personas a dejar de interponerse en su propio camino y a liberarse de la necesidad de preocuparse.

### Mensaje milagroso 11:

La preocupación es una oración que pide el caos.

#MilagrosYa

# 12. «TODAS LAS MENTES ESTÁN UNIDAS»

¿Conoces ese momento delicioso en el que estás pensando en alguien y de repente te llama? Esos instantes no son simples coincidencias inesperadas. De hecho, son justo lo contrario: son recordatorios de que todos estamos conectados. Aquello que pensamos, lo sentimos, y aquello que sentimos, lo atraemos hacia nosotros. Este concepto es plenamente aplicable a nuestra conexión con otras personas.

La mente lógica nos convence de que no hay un orden divino en cómo nos conectamos con los demás. Pero *Un curso de milagros* dice: «En la salvación no hay coincidencias. Los que tienen que conocerse se conocerán, ya que juntos tienen el potencial para desarrollar una relación santa. Están listos el uno para el otro». Emplea este mensaje para empezar a superar cualquier barrera que te separe de los demás. Tal vez te sientas desconectado de un amante, o quizá no entiendas por qué parece que no le gustas a tu jefe. Estos conflictos pueden llevarte a actuar de cierta manera para hacerte oír, o a poner un muro protector para no sentirte herido. La práctica de hoy te ayudará a establecer una conexión con cualquier persona, por más difícil o distante que pueda parecer la relación.

El *Curso* enseña: «Todas las mentes están unidas». La técnica de hoy te dará herramientas para usarlas en tu vida cotidiana, de modo que puedas reconocer y aceptar la gran verdad de Yogi Bhajan: «La otra persona eres tú». Usa esta meditación para aceptar y recordar que todos estamos en esto juntos; todos somos uno.

Siéntate cómodamente en una silla o en el suelo.

Empieza a inspirar y espirar por la nariz.

Toma respiraciones largas y profundas.

Mientras continúas respirando, mantén en tu mente una visión de la persona con la que has tenido el conflicto.

Visualízala de pie delante de ti.

Al inspirar, visualiza una luz blanca que se vierte en tu corazón.

Al espirar, extiende esa luz a su corazón.

Continúa con este ciclo de respiración.

Permite que este intercambio de luz funda tu resentimiento y restaure en ti la sensación de unicidad.

Lo asombroso de esta meditación es que puedes practicarla en cualquier parte. Puedes estar sentado en el trabajo y visualizarte enviándole luz a esa otra persona que está al otro lado de la habitación. Pero, si estás a muchos kilómetros de distancia, esta práctica tendrá el mismo efecto energético. No te sorprendas si la persona te llama o te envía algún tipo de mensaje amoroso cuando hayas acabado la meditación. Pero no medites para buscar un resultado, sino para sentirte en paz.

Una vez más, es la hora de transmitir el mensaje. Usa el mensaje milagroso de hoy para recordar a tus amigos y familiares que todos estamos conectados.

## Mensaje milagroso 12:

«Todas las mentes están unidas.»

UCDM

#MilagrosYa

# 13. ¿DÓNDE ESTÁ EL AMOR?

Cuando nos sentimos atascados en algo es porque elegimos percibir nuestra situación con miedo en lugar de con amor. Donde quiera que hay amor, hay un modo de desatascarse. Todas las barreras se interponen porque olvidamos invocar al amor.

Este ejercicio te recordará que puedes disolver las barreras con amor. *Un curso de milagros* nos enseña: «Lo único que puede faltar en cualquier situación es aquello que tú no estás dando». Este es un mensaje que nos fortalece: nos recuerda que estamos a cargo de la propia vida y no tenemos que esperar a que alguna fuerza externa cambie nuestras circunstancias. De modo que, si te sientes empantanado en cualquier situación o atrapado en un hábito negativo, pregúntate: «¿Dónde está el amor?». El simple hecho de plantearte esta pregunta puede catapultarte hacia una nueva perspectiva. Tómate un momento para revisar la situación e identificar dónde falta amor. Después toma nota mentalmente de cómo podrías ser más amable, generoso y amoroso contigo, con los demás y con tu percepción de la situación.

Por ejemplo, si te sientes atascado en una relación y te culpas o culpas a la otra persona del bloqueo, simplemente di: «¿Dónde está el amor?». Busca en tu mente todos los pensamientos amorosos, los resultados o las circunstancias que pueden reemplazar el miedo que has elegido percibir. Haz una lista mental (o escrita) de nuevas maneras de experimentar la situación, y elige una con la que puedas comprometerte. Tal vez elijas centrarte en lo que amas de esa persona en lugar de en todas las pequeñas cosas que te molestan. O tal vez, en cuanto te des cuenta de que la estás atacando, elijas reinterpretar la situación con una actitud más amorosa. Comprométete con tu nueva percepción y deja que se convierta en tu realidad. Acepta que en cualquier momento puedes disolver las barreras con amor.

## Mensaje milagroso 13:

### Disuelve todas las barreras con amor.

#MilagrosYa

# 14. ¡SAL DE AHÍ!

Entre las principales razones de nuestra infelicidad e incomodidad están los pensamientos de ataque. Durante todo el día, sin apenas darnos cuenta, nos atacamos y atacamos a otros. No hace falta que los ataques sean masivos para que produzcan verdadero daño: cada pequeño ataque, desde un pensamiento negativo sobre nosotros mismos hasta un comentario frío con respecto a otra persona, va sumando. El ataque genera más ataque. Atacar a otros, en nuestra mente o con acciones, nos daña directamente.

Los pensamientos y acciones de ataque son particularmente peligrosos porque pueden ser tan sutiles e insidiosos que no nos demos cuenta de hasta qué punto dominan nuestra mente. Pero, a pesar de lo diabólicos que son, es sorprendentemente fácil dejarlos atrás. Lo único que hace falta es una banda de goma.

Un día cualquiera, hoy mismo, ponte esa goma en la muñeca. Cuando te des cuenta de que tienes un pensamiento de ataque, estira la goma y suéltala sobre tu muñeca. ¿Te parece una acción discordante? ¡Bien! Es exactamente lo que necesitas para espabilar y salir de tus pensamientos de ataque inconscientes.

En cuanto salgas del ciclo de ataque, es el momento de limpiar tus pensamientos. Usa este ejercicio basado en la lección 23 de *Un curso de milagros:* «Puedo escaparme del mundo que veo renunciando a los pensamientos de ataque».

Mientras estires la goma, observa tu pensamiento de ataque y dite a ti mismo: «Puedo escaparme del mundo que veo renunciando a los pensamientos de ataque con respecto a

_____».  Rellena el espacio en blanco con cualquier cosa a la que estés atacando, tanto si es amplia como si es muy específica.

Practica este ejercicio a lo largo del día. Nota tus pensamientos de ataque, sal de ellos utilizando la goma y después usa el mensaje de _Un curso de milagros_ como recordatorio de que puedes salir de ahí en un instante.

## Mensaje milagroso 14:

«Puedo escaparme del mundo que veo renunciando
a los pensamientos de ataque.»

UCDM

#MilagrosYa

# 15. SUPERA LOS BLOQUEOS CON LA RESPIRACIÓN DE FUEGO

Una de las mejores maneras de atravesar rápidamente los bloqueos emocionales es emplear una técnica de respiración que se usa con frecuencia en *kundalini* yoga. Se llama «respiración de fuego» y consiste en inspirar y espirar rítmicamente por la nariz, como si olisqueáramos. Al inspirar, el diafragma se expande; al espirar, se relaja. En cuanto adquieras un ritmo, acéleralo hasta que se convierta en una respiración de fuego.

Los novatos en la respiración de fuego suelen hacer énfasis en la espiración. Es un error común que puede corregirse fácilmente si se recuerda que la inspiración y la espiración han de ser iguales. También es habitual que el novato experimente que se queda sin respiración. Esto significa que tienes el diafragma tenso debido al estrés y la tensión, o que estás respirando en la dirección opuesta: recuerda que en la inspiración el diafragma se expande, mientras que en la espiración se contrae. A lo largo de estas respiraciones profundas procura mantener el diafragma relajado. A medida que practiques la respiración de fuego liberarás la tensión del diafragma y, de hecho, te liberarás de muchos bloqueos emocionales.

La respiración de fuego tiene muchos otros beneficios, más allá de la superación de los bloqueos. Purifica y oxigena el torrente sanguíneo, incrementa el flujo energético del cuerpo, estimula la glándula pituitaria (que ayuda a equilibrar todas las glándulas) y fortalece tu campo electromagnético, convirtiéndote en un imán para atraer la grandeza. Un minuto de respiración de fuego puede producir los mismos beneficios que experimentarías manteniendo la misma postura durante una hora con una respiración normal.

## Mensaje milagroso 15:

Cuando te sientas bloqueado, emocionalmente alterado o abrumado, recurre a la respiración.

#MilagrosYa

# 16. HAZ DEL PERDÓN UNA PRÁCTICA

En todos mis libros, conferencias y enseñanzas pongo énfasis en la importancia de practicar el perdón como si fuera un trabajo a tiempo completo. La experiencia de perdón está presente en todas las enseñanzas espirituales, y es el método a través del cual soltamos el pasado y recuperamos el amor en el presente. El perdón es una manera genial de desatascarse y abrirse a una vida más vibrante.

Cuando no perdonas, te sientes trabado, débil, enfadado y resentido. Todos estos sentimientos contienen energía de bajo nivel, y por lo tanto bloquean tu capacidad de curarte, crecer y vivir al máximo.

El perdón ofrece un camino de salida. Mediante el perdón puedes aprender a soltar la pequeñez y abrirte a tu verdadera luz interna. Como muchas otras cosas, el perdón es un hábito. Cultívalo aprendiendo primero a perdonarte a ti mismo.

Yogi Bhajan dijo una vez en una sala llena de alumnos: «La única diferencia entre vosotros y yo es que yo practico el perdón a mí mismo durante todo el día». Yogi Bhajan nos muestra que la clave para convertirse en maestros de nuestra propia mente es aprender a perdonarnos. De modo que hoy, solo por un minuto, haz esta práctica de perdonarte a ti mismo. Conviértela en una acción consciente, algo que haces a propósito. Solo hacen falta unos momentos, pero es radicalmente transformadora.

En cuanto reconozcas que te has atacado, sigue estos cuatro pasos:

1. Observa el pensamiento de ataque.
2. Respira la sensación de incomodidad.
3. Siente el sentimiento.
4. Dite a ti mismo: «Me perdono este pensamiento. Sé que no es real».

Practica estos cuatro pasos y prepárate para ahondar en el proceso de perdón. En la técnica número 83 serás guiado a potenciar el perdón y a experimentar la verdadera libertad.

## Mensaje milagroso 16:

«El perdón no es un acto ocasional,
es una actitud constante.»

DOCTOR MARTIN LUTHER KING, HIJO.

#MilagrosYa

# 17. MEDITA PARA SOLTAR LOS ENFADOS DE LA NIÑEZ

Buena parte de lo que nos retiene en la vida son resentimientos profundamente arraigados procedentes de la niñez. En nuestra juventud creamos muchas de las historias que después desplegamos de adultos: historias de no valer nada, de odio hacia nosotros mismos, de victimismo y muchas más. De niños aprendemos a sentirnos separados y especiales. Se nos enseñó a considerarnos superiores o inferiores a los demás. Aprendimos la desigualdad. Esta separación nos enfadó, y llevamos el enfado a la vida adulta.

El enfado infantil constituye una parte enorme de las neurosis y la infelicidad. Si queremos avanzar en la vida, debemos superar el enfado y acceder a nuestra verdadera fuente de energía. Esta meditación te ayudará a soltar el enfado infantil para poder sintonizar verdaderamente con tus poderes sutiles.

*Meditación para liberar el enfado de la infancia*

Siéntate en la postura fácil, con los brazos estirados hacia los lados y sin doblar los codos. Usa los pulgares para cerrar los dedos de Mercurio y el Sol (meñique y anular), y extiende los dedos de Júpiter y Saturno (índice y corazón). Las palmas de las manos miran hacia delante y los dedos apuntan hacia los lados (como se ve en la imagen).

Esta respiración es única porque inhalas absorbiendo el aire a través de los dientes cerrados y espiras por la nariz. Sugiero que la practiques durante once minutos, aunque puedes empezar por un minuto e ir aumentando.

Para acabar la meditación, inspira con profundidad y contén el aliento durante diez segundos mientras enderezas la columna y estiras los brazos hacia los lados. Luego espira. Repítelo dos veces más.

Si te sientes pillado por el enfado infantil, usa esta meditación regularmente o comienza una práctica de cuarenta días. La meditación te cambiará por dentro y por fuera. Puedes practicarla por la mañana y por la noche. Yogi Bhajan dijo que, si practicas la meditación por la noche, cuando despiertes toda tu energía habrá cambiado.

## Mensaje milagroso 17:

Soltar la ira del pasado me libera en el presente.

#MilagrosYa

# 18. ¡SIMPLEMENTE PIDE!

¿Te has enfado alguna vez porque no has conseguido lo que querías o porque has sentido que tus necesidades no eran satisfechas? Si es así, tengo otra pregunta para ti: ¿pides lo que quieres?

Cuando sientes que no consigues lo que quieres de los demás, lo más fácil es quejarte por ello. Pero culpar a otros de tus sentimientos de insatisfacción es una manera equivocada de afrontar el asunto. La clave para conseguir lo que deseas es PEDIRLO.

Pedir puede resultar muy incómodo para algunos. Suelo verlo cuando llega el momento de pedir un aumento de sueldo, de pedir ayuda o simplemente de pedir que alguien escuche lo que se tiene que decir. Por más difícil que te resulte pedir, es importante que te des cuenta de que no vas a conseguir lo que quieres hasta que no estés dispuesto a expresarlo.

Si te cuesta pedir lo que quieres, ahora es el momento de deshacerse del miedo y de cambiar de estilo. Llegarás a entender que, en el fondo, todo el mundo tiene un genuino deseo de dar. Por lo tanto, cuando pidas algo con gracia y autenticidad, tu petición será recibida con respeto. Ahora es el momento de instaurar un nuevo hábito y de movilizar tus músculos para pedir.

Comienza este proceso de pedir lo que quieres con estos tres pasos:

**Primer paso:** Acepta que al principio este proceso puede resultar incómodo. Lo más probable es que durante toda tu vida no hayas estado dispuesto a pedir lo que querías, de modo que probar un nuevo comportamiento parece extraño. Y recuerda también que la extrañeza es una buena señal. Aunque te sientas incómodo, emprende esta poderosa acción, que va en la dirección correcta, y sal de tu zona de confort.

**Segundo paso:** Asegúrate de tener claro lo que quieres. Cuando lo tienes claro, tu energía se compromete con la petición. Pero, si no lo tienes claro, tu energía vacila y es más difícil pedir con convicción. También es muy importante respaldar la petición con intenciones positivas. Cuando tu petición está respaldada por la energía del amor, se recibe con amor.

**Tercer paso:** ¡Simplemente pide! En cuanto notes que estás evitando la oportunidad de pedir lo que quieres, ve más allá del miedo y pide sin más. Aunque tengas miedo, este acto simple pero valiente de pedir puede cambiarte la vida en un instante. Conocerás una nueva sensación de autorrespeto que dará a los demás la oportunidad de respetarte.

Deja de jugar a ser pequeño: habla sin reservas, aduéñate de tu poder y pide lo que quieres.

## Mensaje milagroso 18:

La clave para conseguir lo que quieres es PEDIRLO.

#MilagrosYa

# 19. SÉ MÁS COMO UN NIÑO

Resulta fácil quedarse pillado en las listas de cosas por hacer y en las tareas diarias. Cuando hay facturas que pagar y personas a las que apoyar, la felicidad puede convertirse en una idea distante que apenas recibe atención. Cuando nuestra energía está enfocada en acabar cosas, podemos perder de vista lo que nos hace felices.

A menudo cometemos el error de pensar que seremos más productivos y estaremos más satisfechos si enfocamos nuestra energía en las tareas y compromisos diarios. Tachamos a toda marcha cosas de la lista de tareas pendientes pensando que cuando lleguemos a la última podremos relajarnos y disfrutar de la vida. Lo cierto es que siempre habrá algo más que hacer. Siempre habrá otra tarea. Si solo nos enfocamos en las responsabilidades, agotamos nuestra energía y cortamos nuestro flujo vital.

Puede parecer contraintuitivo, pero una de las claves para sentirse más productivo y satisfecho es alejarse de las responsabilidades de vez en cuando. Cuando te sientas atrapado en un estado de ánimo orientado exclusivamente hacia el hacer, apaga el ordenador, desconecta el teléfono y conecta con tu ser infantil. Los niños tienen una enorme curiosidad, creatividad y apertura.

Suelta la presión que te has impuesto a ti mismo y despliega las energías de tu niño interior con estas claves.

**Sé más curioso:** Una manera increíble de salir de la cabeza es sentir curiosidad con respecto a algo nuevo. Uno de los mejores rasgos de los niños es que son muy curiosos. Como un niño, dedica tiempo a lo largo del día a sentir curiosidad por las cosas nuevas. Lee una revista que nunca habrías abierto, plantea más preguntas, prueba una comida nueva. La curiosidad te sacará de cualquier cosa que te obsesione y te llevará a un estado de simple inocencia.

**Mantente más presente:** Estar más presente a cada momento te ayudará a soltar la presión que te impones a ti mismo. Es asombrosa la capacidad de los niños para experimentar el momento de todo corazón. Actúa como un niño inocente. Saborea la comida con más asombro, nota los colores del cielo y ríete más alto de lo que lo haces normalmente.

**Sueña despierto:** En lugar de ocupar tu mente con pensamientos caóticos, tómate una pausa para soñar. Siéntate en un banco del parque y sueña despierto. Dedica entre cinco y diez minutos a pensar en una experiencia interesante que siempre has tenido la esperanza de vivir. Además de impedirte ser un obstáculo en tu propio camino, este proceso te ayudará a convertir tus sueños en realidad.

Usa cualquiera de estas herramientas y sentirás que sales del atasco y que tus energías creativas empiezan a fluir más libremente. Cuando dejas a un lado la lista de tareas pendientes para permitir que emerja tu niño interno, puedes volver a tus responsabilidades de adulto con una perspectiva fresca y renovada energía.

## Mensaje milagroso 19:

Para soltar el control, aflójate y sé más como un niño.

#MilagrosYa

# 20. LAS INTENCIONES CRECEN CUANDO SE COMPARTEN

La vida puede poner en nuestro camino todo tipo de obstáculos y traumas. Experiencias tales como enfermedades personales o familiares, una pérdida de empleo e incluso las tragedias que salen en las noticias pueden hacernos sentir impotentes. En esos momentos tenemos elección: podemos orientarnos hacia dentro y aislarnos, o podemos pedir ayuda a otros.

Un modo de aliviarse y de encontrar poder en situaciones de impotencia es reunirse en grupos de gente de mentalidad similar. La oración grupal, el establecimiento de intenciones compartidas y la meditación te ofrecen y ofrecen al mundo mucha sanación.

Conectar con la energía grupal es una manera asombrosa de aliviar al instante el dolor agudo del trauma emocional. Un gran ejemplo del proceso de recuperación en grupo es el método de los doce pasos. Una de las razones por las que el programa de los doce pasos ha tenido tanto éxito es que la gente se junta para compartir la curación y las conexiones armoniosas. El apoyo de la energía grupal fortalece las intenciones positivas de cada uno y ofrece vías seguras para lidiar con el trauma y la dificultad. A menudo en las comunidades de los doce pasos la gente sugiere que Dios puede ser el grupo de personas que la rodea durante el proceso de recuperación: Dios está en el grupo y se lo encuentra a través del grupo.

Cuando te sientas desvalido, tienes diversas maneras de conectar con los demás. Por supuesto, no todo el mundo acaba en una reunión de los doce pasos o en un grupo de recuperación, pero hay modos de establecer la conexión grupal al instante.

Si en tu comunidad no encuentras gente dispuesta a montarse en el tren del amor, puedes unirte a un grupo en Internet. Si eres mujer, consulta mi página HerFuture.com, una hermandad digital. Si eres hombre, únete a mi página de Facebook (Facebook.com/GabrielleBernstein), donde podrás conectar conmigo y con obradores de milagros de mentalidad afín. Te animo no solo a pedir ayuda, sino también a ofrecerla a quienes la necesitan. Por el simple hecho de visitar esta página un minuto al día, sentirás el calor de la comunidad grupal.

Si hay personas en tu vida que te cubren las espaldas, no dudes en pedirles ayuda. Olvidamos muy fácilmente que, cuando pedimos ayuda a otros, también los ayudamos. Dar a alguien la oportunidad de servir abre su corazón y cambia su actitud. De modo que ábrete a llamar a alguien. Ponte al teléfono con un amigo o dos y pídeles que se unan a ti para establecer una intención positiva para tu situación. *Un curso de milagros* dice: «Cuando dos o más se unen para ir en busca de la verdad, el ego ya no puede defender por más tiempo su falta de contenido. El hecho de que puedan unirse les indica que el sistema de pensamiento del ego es falso».

El *Curso* nos recuerda que, cuando nos unimos para buscar la verdad, podemos recordarnos mutuamente lo que es real.

Recuerda que permitir que otros te apoyen también los apoya a ellos. Cuando te sientas solo e impotente, usa estos ejercicios para encontrar poder en la energía positiva del grupo.

## Mensaje milagroso 20:

Cuando permites que otros te apoyen, tú también los apoyas.

#MilagrosYa

# 21. MEDITA ANTES DE ACUDIR A UNA CITA

Con frecuencia oigo a gente quejarse de las citas: tanto en mis clases de *coaching* grupal como en conversaciones cotidianas, las dificultades con las citas surgen una y otra vez. Creo firmemente que hay tres obstáculos principales que impiden a las personas tener citas alegres y satisfactorias.

El primero es que muchos llevan sus citas desastrosas del pasado al presente. Tal vez el último hombre con el que saliste no volvió a llamarte y aún estás enfadada. Aferrarte a ese enfado no hace sino asfixiar con vibraciones negativas tu próxima cita, aunque tengas una sonrisa en la cara durante toda la noche. Este enfado te mantiene centrada en la historia anterior y te roba la oportunidad de experimentar el ahora con plenitud.

El segundo obstáculo es la falta de claridad. Los deseos desenfocados producen resultados desenfocados. Si no tienes claro qué quieres de una cita, seguirás atrayendo a personas inadecuadas para ti.

El último obstáculo que impide a la gente tener citas geniales es la mentalidad de conseguir-conseguir-conseguir. El hecho de que puedas provocar que las cosas ocurran en otras áreas de tu vida no significa que también puedas controlar tus citas. Es posible que seas superproductivo en tu trabajo, pero eso no se transfiere al mundo del encuentro amoroso. Deja atrás la mentalidad «tengo que ponerme a ello» y relájate en el proceso.

Entonces, ¿cómo podemos superar estos obstáculos?

¡La respuesta es: medita antes de la cita!

## Meditación para soltar las ilusiones románticas

Esta meditación guiada es perfecta si te sientes atascado en un circuito del que no puedes salir. Si cargas con resentimientos hacia amantes del pasado, esta meditación es para ti. Úsala para despejar los temores, la ira y las dudas que te han separado de la experiencia del amor. Puedes escucharla en Gabbyb.tv/Medi-Date.[2]

## Meditación previa a la cita

Esta meditación es para practicarla antes de salir a la cita. La clave del éxito en las citas es mostrar tu verdadero ser. No hay nada más sexi que la verdad. Úsala para calmar los nervios previos y centrarte en tu autenticidad. Llevarte a TI MISMO a la cita supondrá un gran éxito. Escúchala en Gabbyb.tv/MediDate.

## Meditación para la manifestación

Esta meditación es sagrada. Te ayudará a conectar con cómo quieres sentirte en una relación romántica. Para manifestar tus verdaderos deseos, debes enfocarte en cómo quieres sentirte: ese sentimiento atrae el amor hacia ti. Cuando practiques esta meditación, prepárate para entrar en un estado amoroso y ¡predisponte para el encuentro! Escúchala en Gabbyb.tv/MediDate.

---

2. Estas meditaciones están en el original inglés. *(N. del T.)*

¡Libérate hoy de tus ilusiones con respecto a las citas y empieza a *medicitar*![3]

## Mensaje milagroso 21:

Estoy preparado para recibir amor.

#MilagrosYa

---

3. Meditar antes de tus citas. *(N. del T.)*

# 22. PIERDE EL PÁNICO ESCÉNICO

Tanto si se trata de dar el discurso introductorio en un congreso como de hacer una presentación en el trabajo o de proponer un brindis en una boda, podemos estar seguros de que en algún momento estaremos bajo los focos. Al margen del tamaño del grupo, hablar en público puede resultar intimidante. Y para algunos es completamente paralizante. He visto a personas con mucha confianza en sí mismas quedarse en silencio en el momento clave. La experiencia debilitante del pánico escénico puede ser un importante obstáculo que te impida avanzar en tu profesión o incluso compartir tus talentos.

Este temor surge de creencias limitantes como «no es seguro hablar en público» o «no se aceptará lo que tengo que decir» .Si quieres cambiar esta antigua fobia, tienes que tratar con la parte de tu cerebro que la provoca (así como todos los demás miedos): la amígdala. La amígdala tiene un papel destacado a la hora de almacenar recuerdos asociados con sucesos emocionales. Cuando se activa, es capaz de secuestrar el cerebro lógico y de ponernos en la modalidad de lucha o huida.

Aplicar presión en ciertos meridianos[4] del cuerpo modula la amígdala y te libera de la ilusión de que no estás seguro. El simple acto de presionar ciertos meridianos establece una nueva emoción que te ayuda a calmarte y a producir una nueva experiencia.

---

4. Según la medicina china, los meridianos son rutas por las que discurre la energía vital.

Esta herramienta es similar a la técnica de liberación emocional (EFT), también conocida como *tapping*. La idea es que, cuando nos damos golpecitos *(tapping)* en ciertos meridianos de energía, desbloqueamos las emociones estancadas y activamos una nueva experiencia en el cerebro. (Puedes aprender más sobre esta técnica en el punto 25.)

Mi querido amigo y profesor de *kundalini* yoga Joseph Amanbir Young, que también es acupuntor licenciado, se dedica a ayudar a liberar el estrés y la tensión, y a crear nuevos hábitos emocionales. Dice: «Cada punto meridiano tiene una influencia distinta en nuestra psique. Para tratar el pánico escénico, una herramienta simple es aplicar presión en un punto situado en la parte posterior del antebrazo. El nombre de este punto es "paso exterior". Esto permite pasar por situaciones en las que tenemos que estar ahí fuera, en el mundo, con coraje y confianza en nosotros mismos».

¿Te sientes atrapado por el pánico escénico? Amanbir dice que se ha de aplicar una presión media en la parte posterior del antebrazo (¡funciona en ambos brazos!), aproximadamente siete centímetros y medio por encima de la muñeca. Mantén la presión durante entre uno y tres minutos.

Este milagro en un minuto puede ayudarte a soltar el pánico escénico y llevarte a establecer un nuevo hábito emocional. Usa esta herramienta cuando tengas que hablar en público, y recuerda: ¡el mundo necesita que compartas tu luz!

## Mensaje milagroso 22:

Hablo con confianza porque el mundo necesita mi luz.

#MilagrosYa

# 23. REZA ANTES DE PAGAR

Tengo que admitir que yo solía ser una de esas personas que dejan que las facturas se amontonen. Sí, era una chica así. Cada mes la pila de facturas que descansaba sobre mi escritorio crecía más y empezaba a tambalearse. Cada vez que las miraba sentía punzadas de frustración por tener que pagarlas. Tal vez surgían de un antiguo miedo a no tener suficiente, o quizá simplemente ejercitaba mis músculos de autosabotaje. En cualquier caso, era un ritual mensual bastante horroroso.

Entonces vi con claridad que este mal hábito era un verdadero obstáculo, y que me generaba una culpa y frustración innecesarias. La pila de facturas mantenía desordenado el espacio de mi oficina, y eso no podía ser de ninguna manera. El antiguo método chino del *feng shui* resalta la importancia de tener bien ordenada el área de la oficina. El desorden tiene un profundo impacto en nuestro ser físico, emocional, mental y espiritual. El valor de deshacer el lío es que liberamos una energía vital que nos ayuda a tener claridad mental, inspiración, e incluso incrementa nuestra capacidad productiva.

De modo que el primer paso para sanar mi relación con las facturas fue ordenar el escritorio. Tomé la pila de facturas y las organicé en una preciosa caja de color verde. (Si no tienes las facturas en papel, puedes realizar una operación similar en tu *email*. Crea etiquetas de colores o carpetas para cada factura y organízalas a medida que lleguen, de modo que no tengas que buscar el último *email*).

En cuanto me organicé, me comprometí a llevar mi práctica espiritual a las facturas mensuales. Me senté con mi preciosa caja verde y recé sobre cada factura antes de extender el cheque. Dije: «Gracias, Universo, por proveerme los recursos para pagar estas facturas. Me siento agradecida de contribuir a la economía y de apoyar el desarrollo de mi negocio». El simple hecho de pronunciar esta oración antes de pagar cada factura me energizó. Me infundió una actitud de gratitud en lugar de ansiedad y tensión.

Ahora mi proceso de pagar facturas es mucho más amable, y tengo el escritorio ordenado. Para colmo, en cuanto ordené ese espacio, empecé a notar que me llegaban muchas más propuestas de trabajo. El dinero empezó a fluir más libremente en cuanto dejé espacio para recibirlo.

Si experimentas mucha ansiedad en torno al pago de las facturas, usa estas sugerencias para deshacer el obstáculo. ¡Ordena el escritorio y reza antes de pagar!

## Mensaje milagroso 23:

### Reza antes de pagar.

#MilagrosYa

# 24. NO TE COMPARES MÁS

Compararse es un hábito nefasto. Cuando nos comparamos con los demás, nos quedamos enganchados en la creencia de que somos mejores o peores que otros. La comparación genera animosidad, resentimiento, celos y competición. Vivir de esta manera puede dañar tu felicidad y tu sensación de paz. ¿Cómo puedes estar en paz si te comparas todo el tiempo? ¡Resulta agotador!

Bajo el deseo de compararse reside una sensación profundamente arraigada de no ser suficiente. Cuando experimentamos una sensación inconsciente de carencia, la proyectamos en los demás para no sentirnos tan mal con nosotros mismos. Es un círculo vicioso. Por ejemplo, tal vez estuviste soltero durante algún tiempo y a menudo te comparabas con quienes estaban en pareja. Este acto de compararte te desorienta y te pone nervioso, refuerza todo lo que no tienes y te convence de que los que están en pareja son mejores que tú. O tal vez te compares con los famosos y las figuras notables. Siempre te consideras menos que ellos y te sientes incompleto. Entender este hábito es el primer paso hacia su transformación.

Cuando tomas conciencia del hábito de compararte, el paso siguiente consiste en emprender las acciones necesarias para cambiar de comportamiento. En cuanto veas que te comparas, date una pausa y dite (en voz alta o en silencio): «La luz que veo en ellos es un reflejo de mi luz interna». Aunque no te creas esta afirmación o pienses que es demasiado nueva era, pruébala. Cada vez que te compares, recita la afirmación.

La elección de percibir tu unicidad con todas las personas y cosas en el momento puede liberarte de la necesidad de comparar. Puedes liberarte en un instante. Eso es un milagro.

Practica esta técnica con la frecuencia que necesites y presta atención a los cambios que se producen en ti. Al principio pueden ser sutiles, pero sentirás un alivio inmediato. Libérate del ciclo de comparación y siéntete en paz con quien eres.

## Mensaje milagroso 24:

Cuando te compares con los demás, simplemente recita esta oración: «La luz que veo en ellos es un reflejo de mi luz interna.»

#MilagrosYa

# 25. ¡APLICA EL *TAPPING* A ESE ESTRÉS!

El estrés se ha convertido en una epidemia. ¿Cuándo fue la última vez que dijiste «¡estoy tan estresado!». ¿Esta semana? ¿Hoy mismo? Yo lo oigo continuamente; para mucha gente parece ser su estado habitual. En muchos casos, el estrés surge de experiencias del pasado sin sanar y genera creencias temerosas en el presente. Nos estresamos cuando se activan los recuerdos de esas experiencias. Por ejemplo, de niño tal vez te dijeron que tenías exceso de peso. Ahora, cuando llega la hora de comer, la comida que hay sobre la mesa activa una reacción en ti que te produce miedo y estrés. O tal vez conservas la antigua creencia limitante de que no eres un buen lector: cuando se te pide que leas en voz alta, surge la tensión y el miedo te abruma.

Así es como funciona: cuando nos ocurre algo que nos provoca una reacción, se secreta cortisol (la hormona del estrés) en el torrente sanguíneo. Aunque el cortisol es importante para que el cuerpo responda al estrés, también es esencial que experimentemos un periodo de relajación porque de otro modo no podemos recuperar nuestro estado natural. Nuestros estilos de vida apresurados y estresados no suelen equiparnos con las herramientas necesarias para volver a la relajación. Entonces el estrés se cronifica: tenemos niveles elevados de cortisol en la sangre de forma constante. Esto produce un efecto negativo importante en el cuerpo. El estrés extremo desequilibra el nivel de azúcar en sangre, provoca falta de concentración, presión sanguínea alta, disfunción de la tiroides y muchos otros síntomas negativos. La buena noticia es que todos tenemos a nuestra disposición un estilo de vida libre de estrés. Solo precisamos las herramientas adecuadas para ir soltándolo momento a momento.

Para gestionar el estrés, practico habitualmente la técnica de liberación emocional (EFT), también conocida como *tapping*. Se trata de una técnica de acupresión que fomenta la salud emocional. He descubierto que el *tapping* es una de las mejores maneras de superar los bloqueos al instante. A lo largo de este libro, encontrarás más ejercicios de *tapping* para abordar problemas específicos. (Si quieres sumergirte más en el *tapping*, consulta el increíble libro de mi amigo Nick Ortner, *La solución tapping*.)[5]

Este ejercicio es una manera estupenda de llevar el *tapping* a tu vida. Puedes aplicarlo a cualquier problema, tanto si te estresas en el trabajo como si sientes presión en tu vida personal o en cualquier otra situación. Esta herramienta requiere que te des golpecitos en puntos específicos que están alineados con tus meridianos energéticos. Cada meridiano guarda relación con un órgano o con una parte del cuerpo específica. Al estimular estos meridianos, le dices a la amígdala (la parte del cerebro que activa el reflejo de lucha o huida) que se calme. Cuando la amígdala capta el mensaje de que se puede relajar, el estrés se reduce de manera inmediata. A medida que te des golpecitos en distintos puntos, el guion que te ofrezco te llevará a abordar algunas emociones que surgen con el estrés. Basta con seguir las directrices y usar la guía visual para aprender la ubicación de cada punto. ¡Empecemos!

---

5. Nick Ortner, *La solución tapping*, Barcelona, Grijalbo, 2014. *(N. del T.)*

Comienza la sesión de *tapping* por el problema más acuciante. En este caso el problema más acuciante (PMA) está relacionado con el estrés. Usa la frase: «Estoy estresado y agobiado». Antes de empezar, clasifica este PMA en una escala del uno al diez, en la que el diez representa el nivel más acuciante.

Emplea estas directrices y date golpecitos en áreas específicas del cuerpo mientras repites las frases sugeridas. Antes de empezar, revisa cada punto de *tapping* en la imagen siguiente.

# Puntos de *tapping*

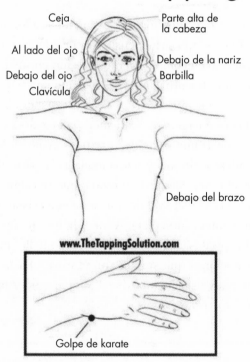

Ceja

Parte alta de la cabeza

Al lado del ojo

Debajo de la nariz

Debajo del ojo

Barbilla

Clavícula

Debajo del brazo

www.TheTappingSolution.com

Golpe de karate

Empieza dándote golpecitos en el punto golpe de karate. Date unos siete golpecitos ligeros en cada punto. Mientras te los das, repite la siguiente frase tres veces: «Aunque estoy estresado y abrumado, me acepto profunda y completamente».

**Golpe de karate:** «Aunque estoy estresado y abrumado, me acepto profunda y completamente».

**Golpe de karate:** «Aunque estoy estresado y abrumado, me acepto profunda y completamente».

**Golpe de karate:** «Aunque estoy estresado y abrumado, me acepto profunda y completamente».

Continúa aplicando el *tapping* en los otros puntos y mientras lo haces pronuncia estas frases en voz alta:

**Ceja:** «Todo este estrés está descentrándome».
**Al lado del ojo:** «Me siento abrumado y atemorizado».
**Debajo del ojo:** «No creo que pueda hacerlo todo».
**Debajo de la nariz:** «Si no lo logro todo, me estresaré todavía más».
**Barbilla:** «Todo este estrés me está agobiando».
**Clavícula:** «Tengo miedo de no poder acabarlo todo».
**Debajo del brazo:** «Este miedo me produce más estrés».
**Parte alta de la cabeza:** «No puedo calmarme».
**Ceja:** «No puedo imaginarme cómo voy a completarlo todo».
**Al lado del ojo:** «Todo este estrés».
**Debajo del ojo:** «Todo este miedo que está surgiendo».
**Debajo de la nariz:** «Resulta difícil respirar cuando se está estresado».

**Barbilla:** «No puedo imaginarme mi vida sin estar estresado».

**Clavícula:** «Tengo miedo de soltar el control».

**Debajo del brazo:** «Debo mantener el control».

**Parte alta de la cabeza:** «Siento miedo de mi estrés».

Continúa con el *tapping* de las «rondas negativas» (todas las declaraciones sobre lo estresado que estás) hasta que empieces a sentir una sensación de liberación. En cuanto la sientas, empieza el *tapping* de la «ronda positiva» pronunciando en voz alta las frases siguientes.

**Ceja:** «Sé que este estrés no me está sirviendo».

**Al lado del ojo:** «Creo que puedo vivir libre de estrés».

**Debajo del ojo:** «Mis verdaderos logros llegarán con facilidad».

**Debajo de la nariz:** «Cuando estoy calmado, tengo más energía para hacerlo todo».

**Barbilla:** «Ya no necesito este estrés».

**Clavícula:** «Estoy preparado para soltar el agobio».

**Debajo del brazo:** «Ahora puedo relajarme».

**Parte alta de la cabeza:** «Ahora estoy en calma».

Sigue con el *tapping*, repite las declaraciones positivas todas las veces que desees hasta sentir verdadero alivio.

Cuando acabes, declara tu PMA en voz alta: «Aunque estoy estresado y abrumado, me acepto profunda y completamente». Ahora clasifica tu problema en una escala del cero al diez, y compara tu estado con el que tenías antes de empezar.

Si has hecho cada ronda con convicción, sin duda te sentirás aliviado. En algunos casos puedes bajar de diez a dos en un minuto. Esta herramienta es una de las formas más poderosas de superar bloqueos en un instante. Si no sientes alivio, ¡no te preocupes! Sigue practicando. Es posible que tardes un poco en acostumbrarte, pero tu cuerpo y tu mente responderán. ¡Sigue!

## Mensaje milagroso 25:

Es posible soltar antiguos dolores
simplemente sintiéndolos.

#MilagrosYa

# 26. PIENSA EN TU CAMINO PARA SALIR DEL MIEDO

Casi sin darnos cuenta, empezamos a pensar y nos ponemos de los nervios. Un pensamiento lleva al siguiente, hasta que su sucesión nos engancha en una fantasía pavorosa. Por ejemplo, tal vez te hayas sentido obsesionado por la posibilidad de perder tu trabajo. En el momento en que tu jefe está de mal humor, surge el temor y tus pensamientos se desatan. Te imaginas el peor escenario posible y visualizas el momento en el que tu jefe te llamará a su oficina para despedirte. Después te imaginas que te vas de la oficina con tus cosas metidas en cajas. Luego piensas en lo difícil que va a ser pagar las facturas y en todas tus responsabilidades. Ahora el terror te tiene pillado y estás al borde de un ataque de pánico: has echado a perder la próxima media hora de trabajo. No obstante, todo este caos se ha creado en tu mente a partir de una pequeña y alocada idea. Entre tanto, tu jefe está de mal humor por sus propios problemas, no por los tuyos. Este es un claro ejemplo de cómo la mayor parte de la ansiedad que experimentamos se basa en nuestros pensamientos temerosos más que en la realidad.

Los psicólogos estiman que tenemos más de sesenta mil pensamientos al día, y entre el noventa y cinco y el noventa y nueve por ciento de ellos se repiten. Es probable que estés muy familiarizado con tus pensamientos repetitivos, como «no tengo bastante» «eso no va a funcionar nunca» «no soy lo suficientemente bueno para esta pareja» y tantos otros.

La clave para redirigir la pauta que siguen tus pensamientos es elegir otros nuevos proactivamente. Este ejercicio requiere compromiso y dedicación, ¡pero merece la pena! Esta es la esencia: cada vez que notes que tus pensamientos se desvían hacia algún tipo de locura, usa el método de la banda de goma que vimos en la técnica número 14. Date un golpecito con la goma que llevas en la muñeca para sacarte del ciclo de miedo. De inmediato, piensa en tu camino de salida. Un pensamiento tras otro, recurre a una perspectiva más elevada y amorosa.

Usemos el ejemplo anterior del trabajo para ilustrar el proceso. Tu jefe llega a trabajar de mal humor y se activa en ti el miedo a ser despedido. En lugar de seguir la espiral de miedo, te das un golpecito con la banda de goma para reorientar tus pensamientos. Buscas de inmediato una perspectiva positiva. Tu siguiente pensamiento puede ser: «Sé que ha venido a trabajar de mal humor, pero probablemente es porque tiene sus propias cosas. Voy a enviarle pensamientos positivos para que pueda dejar atrás lo que le hace sentirse frustrado. Confío en que mi actitud positiva y mi fe en mi capacidad me van a ayudar a conservar este trabajo. Sé que soy un trabajador estupendo y que a la gente le encanta estar cerca de mí. Siento confianza en mis habilidades y confío en mis credenciales. Mi trabajo está seguro. Estoy en paz. Todo está bien».

Como puedes ver, esta es una manera mucho más positiva de orientar tus pensamientos. El simple acto de ordenarlos para salir del miedo puede cambiar tu experiencia. A medida que elevas tus pensamientos, también elevas tu energía, y por tanto te preparas para tener experiencias más deseables. Confía en el poder de tus pensamientos y tómatelos en serio. En solo un minuto puedes pensar en tu salida del miedo y volver al amor. Practica este principio cuando sientas que el miedo se está colando.

## Mensaje milagroso 26:

Puedo pensar en mi camino de salida del miedo.

#MilagrosYa

# 27. PERDONA Y BORRA

Un día recibí una llamada frenética de mi madre. Sin aliento, me dijo: «¡Alguien está escribiendo cosas desagradables sobre ti en la página de tus fans en Facebook! Pero no te preocupes, querida, yo ya le he respondido y la he puesto en su sitio».

Yo me reí y le dije: «Mamá, gracias por ponerte de mi lado, pero no es así como gestiono la negatividad en internet».

Le expliqué que, como alumna y profesora espiritual, debo practicar lo que predico. Ayudé a mi madre a entender que involucrándose en la negatividad solo se consigue ahondar en ella. En lugar de defenderme y contraatacar, he aprendido a ver estos encuentros como tareas espirituales. He llegado a ver que lidiar conscientemente con los que odian en Internet solo puede fortalecer mi fe espiritual.

Y el Universo quiso que esta no fuera la única conversación que mantuve sobre las personas que odian en Internet durante esa semana. Al día siguiente estaba en Chicago, grabando una entrevista para el programa de Oprah, *Super Soul Sunday*. ¿Cuál fue una de las primeras preguntas que me planteó Oprah? ¡Me preguntó cómo responder a los odiadores en Internet! Yo respondí de inmediato: «Perdona y borra».

Si acostumbras a reaccionar como mi madre, ya es hora de quitarte los guantes de boxeo y de usar este principio para lidiar con los que odian.

Ten compasión de ellos. Afrontémoslo: las personas felices no cuelgan comentarios rudos en la Red. La compasión te reconectará con una sensación de unicidad e indefensión que te ayudará a quitarte los guantes de boxeo y adoptar una nueva perspectiva. Suelta y perdona. Y para sellar la situación del todo, te sugiero que reces una oración. Puedes decir: «Rezo para perdonarte y liberarte». A continuación siéntete libre de bloquear o borrar a ese usuario, o de ocultar el comentario. Si tienes la capacidad de borrarlo, deja que eso se convierta en parte de tu práctica. No hay ninguna razón para permitir la presencia de los comentarios negativos. Perdona y borra.

## Mensaje milagroso 27:

¿Cómo gestionar a los que odian en Internet?
¡Perdona y borra!

#MilagrosYa

# 28. OFRECE CUMPLIDOS SINCEROS EN ABUNDANCIA

Si bien es genial recibir cumplidos, darlos tiene el mismo impacto. Ofrecer amor y bondad puede cambiar tu energía en un instante y fortalecer tu sistema nervioso. Muchos periódicos científicos sugieren la existencia de un fuerte vínculo entre la compasión y el nervio vago, que regula el corazón y controla los niveles de inflamación en el cuerpo. *Vago* en latín significa 'errante'. Es una buena descripción: este nervio se extiende por todo el cuerpo y tiene mucha influencia.

En una ocasión se realizó un estudio centrado en la bondad amorosa, una de las meditaciones básicas del budismo tibetano. Los investigadores descubrieron que la bondad y la compasión reducen la inflamación corporal debido a sus efectos sobre el nervio vago.

Además de beneficios para la salud, la bondad también tiene ventajas emocionales. Cuando ofrecemos amor y bondad a otros, nos centramos en nuestro estado natural. *Un curso de milagros* enseña: «La Bondad me creó bondadoso». Este mensaje nos recuerda que nuestra verdadera naturaleza es mostrarnos bondadosos y amorosos con todos. Por desgracia perdemos de vista nuestra verdadera bondad cuando seguimos los caminos del mundo, basados en el temor. Por lo tanto, cuanto más practiquemos actos espontáneos de bondad, mejor nos sentiremos porque ejercitaremos nuestra verdad.

Una de las mejores maneras de compartir el amor y la bondad es ofrecer cumplidos. Es simple. Resérvate un momento del día para decir a alguien un cumplido sincero. No importa si conoces a la persona o no (de hecho, dedicar un cumplido a un desconocido es una estupenda manera de establecer una conexión positiva instantánea). Enuncia el cumplido con sinceridad. Asegúrate de prestar atención a cómo cambia la energía en la otra persona. Observa cómo parpadea su luz interna y deja que ilumine tu propio estado de ánimo. Cuando dedicas cumplidos a otro, te los dedicas a ti mismo. La bondad es un bumerán.

### Mensaje milagroso 28:

Ofrece cumplidos sinceros en abundancia.

#MilagrosYa

# 29. TÚ NO ERES
# TUS HÁBITOS

A lo largo de mi vida he renunciado a muchos malos hábitos. Recientemente dejé de tomar café, y no fue fácil. De hecho, por extraño que parezca, me resultó incluso más difícil que cuando opté por mantenerme sobria y renuncié a las drogas y al alcohol. La cafeína era mi última droga y, como no me estaba matando, seguía dándome permiso para tomarla.

Una de las principales razones por las que persistimos en nuestros hábitos inútiles son los pensamientos permisivos, como «una taza al día no va a acabar conmigo» o «solo bebo los fines de semana». Estos pensamientos nos convencen de que no hay nada malo en nuestro comportamiento, aunque en el fondo sabemos que no está bien.

En muchos casos usamos los malos hábitos para evitar lidiar con algo mucho más difícil. En mi caso, usaba el café como el vicio final. Como ya no bebo alcohol, sentía que merecía tener algo a lo que recurrir cuando necesitaba una sacudida. Este hábito parecía inofensivo. Pero fui honesta conmigo misma y me di cuenta de que usaba el café como una droga más. Después de revisar mi comportamiento con autenticidad, llegué a la conclusión de que tenía que dejar de darme permiso para tomar café, de que era el momento de cambiar de hábito.

Al principio, abandonar un mal hábito puede resultar muy incómodo. Para ayudarte a facilitar el proceso, he delineado tres pasos que a mí me ayudaron a renunciar al café.

**Primer paso:** Mantén tu propósito limitado al día de hoy. Una de las principales razones por las que tropezamos cuando tratamos de cambiar un hábito es que empezamos a viajar hacia el futuro. Por ejemplo, cuando comencé a dejar el café, proyectaba un futuro con pensamientos como «¿qué haré cuando esté en Europa y quiera un capuchino?». Lo que más me ayudó durante estos saltos hacia el futuro fue mantener mi propósito limitado al día de hoy. Me decía a mí misma: «No necesito preocuparme por el mañana. Hoy elijo no beber café». Y he mantenido mi compromiso día tras día.

**Segundo paso:** Cambia tu forma de respirar. En cuanto cambiamos la forma de respirar, cambiamos nuestra energía y por tanto también nuestra experiencia. Cuando notes que estás a punto de volver a tu comportamiento negativo, toma una respiración larga y profunda. Así cambias tu energía, y la energía calmada y centrada favorece el comportamiento positivo y te permite no caer en los malos hábitos.

**Tercer paso:** Hazlo con alegría. Soltar un hábito negativo no tiene por qué ser tortuoso. De hecho, puede ser alegre. Para crear un cambio real necesitamos algo más que fuerza de voluntad: debemos encontrar alegría y curiosidad en nuestras nuevas circunstancias. Abandonar los malos hábitos solo consiste en crear otros nuevos, en los que puedas encontrar felicidad. En mi caso, yo elegí no fijarme en que había perdido el café y me enamoré del té orgánico.

Si estás dispuesto a abandonar un vicio que te agobie, usa estos tres pasos y siente la alegría de generar nuevos hábitos.

## Mensaje milagroso 29:

Puedo cambiar mis hábitos si cambio mi manera de pensar con respecto a ellos.

#MilagrosYa

# 30. PRACTICA LA MEDITACIÓN DE LA MOCHILA

A lo largo del día nos encontramos con todo tipo de circunstancias, personas, ruidos e incluso el clima... Todo ello activa en nosotros la respuesta de estrés. Yogi Bhajan decía que el ochenta y cinco por ciento de nuestro comportamiento es automático y está determinado por el entorno. Si dejamos que el entorno dicte nuestro estado de ánimo, la vida nos parecerá una montaña rusa emocional. Y solo podemos salir de la montaña rusa por medio de la respiración.

Quizá no des importancia a la respiración, y prestes poca atención al ritmo y profundidad de tus inspiraciones y espiraciones. Tal vez nunca aprendiste a respirar adecuadamente. Cuando introduzco la respiración a un público nuevo, me asombra la cantidad de personas que respiran justo al contario de como deberían. Para respirar bien hay que practicar la respiración yóguica, que expande los pulmones y el diafragma. Es un método simple: al inspirar, el diafragma se expande y al espirar se contrae. Para saber si lo estás haciendo bien, ponte la mano sobre el estómago y asegúrate de que se expanda durante la inhalación y se contraiga durante la exhalación.

Compruébalo en ti mismo. ¿Es así como has estado respirando? Si no lo haces así, has estado estrangulándote. ¡Y está bien! Basta con cambiar de hábito hoy mismo.

Nuestra primera respuesta al estrés no es dirigirnos conscientemente a la respiración para que nos ayude. Es más probable que muchos de nosotros levantemos la voz, nos enfademos o estallemos en lágrimas. En lugar de perder la calma, emplea este ejercicio para recuperar la paz.

Recibe el nombre de meditación de la mochila. Puedes llevar esta meditación en tu mochila y usarla en cualquier momento y lugar en que te sientas estresado. Te servirá cada vez. Así es como funciona:

**La postura:** Siéntate con las piernas cruzadas en la postura fácil.

**Las manos:** Ponte las manos sobre el regazo, con el dedo pulgar presionando contra el índice. A esto se le llama *Gyan mudra*. Un *mudra* es una posición de manos que dirige el flujo de energía hacia el cerebro mediante la conexión con meridianos de energía específicos. Cuando presionas el pulgar contra el índice, activas el conocimiento. El índice simboliza a Júpiter y el pulgar representa al ego. *Gyan mudra* fomenta la calma y la receptividad.

**La respiración:** Esta meditación *kundalini* sugiere que inspires ocho veces por la nariz y espires una vez, también por la nariz. (Puedes consultar la explicación visual en Gabbyb. tv/Miracles-Now.) Si la respiración yóguica es nueva para ti y te resulta complicado inspirar tanto aire, inspira cuatro veces en lugar de ocho. Inspira cuatro veces por la nariz y después espira una vez.

**Tiempo:** Puedes practicar esta respiración durante un minuto y experimentar resultados maravillosos. Lleva esta meditación en el bolsillo y úsala cuando te sientas estresado, tenso o agotado. Los *kundalini* yoguis sugieren practicar esta respiración once minutos durante cuarenta días. Puedes empezar con tres minutos y aumentar paulatinamente.

Presta mucha atención a cómo el entorno activa tus respuestas de estrés. Cuando sea posible, recurre a esta meditación para soltar tensión y recuperar la vitalidad.

### Mensaje milagroso 30:

Si mi entorno dicta mi estado de ánimo,
mi vida será como una montaña rusa.
El modo de estabilizarme es usar la respiración.

#MilagrosYa

# 31. SÉ EL FARO

Todos recordamos cómo nos sentimos cuando oímos la noticia del tiroteo en la escuela elemental Sandry Hook. Yo estaba en medio de una formación para profesores de yoga, rodeada por la fiel comunidad yóguica y nuestra profesora. Cuando escuchamos las noticias, nos sentimos muy perturbados. La mayoría de los que asistían a mi grupo eran padres. Pude ver el terror en sus rostros. La sala se quedó en silencio y la gente empezó a llorar. Entonces nos dirigimos a nuestra profesora, Gurmukh, para que nos guiara. Gurmukh ha dedicado los últimos cuarenta y cinco años de su vida al *kundalini* yoga. Miró con amabilidad a la clase y pronunció algunas palabras simples que resonaron profundamente dentro de mí. Dijo: «No debéis ser la víctima. Debéis ser el faro».

Su respuesta nos conmovió y nos fortaleció. No sugería de ningún modo que ignoráramos nuestros sentimientos con respecto a la situación. Más bien nos guiaba a sentir nuestros sentimientos y a usarlos para elevarnos por encima del trauma. En lugar de echarnos a llorar y sentir miedo, Gurmukh nos propuso rezar. Nos sentamos en círculo, con los codos contra las costillas y las palmas mirando hacia arriba (tal como se ve en la fotografía). En este círculo cantamos el mantra *Ra Ma Da Sa Sa Se So Hung*, que significa 'yo soy tú'. También puede significar 'el servicio a Dios está dentro de mí'. Esta meditación puede practicarse en soledad o en grupo para curarse a uno mismo y para curar a otros y al mundo. Quienes practican esta meditación participan en el cambio de vibración del mundo.

Practícala solo o en grupo.

**Postura:** Siéntate con las piernas cruzadas en la postura fácil (como se ve en la fotografía).

**Brazos:** Coloca los brazos contra las costillas, con las manos en horizontal para que las palmas miren hacia arriba.

**Mantra:** Canta *Ra Ma Da Sa Sa Se So Hung*. (Visita Gabbyb.tv/ Miracles-Now para descargar la música y el mantra.)

Si estáis en un grupo, sentaos en círculo con las manos mirando hacia las personas que están a ambos lados para crear una cadena dorada que os conecte a todos. Cantad como grupo el mantra *Ra Ma Da Sa Sa Se So Hung*. Notaréis un cambio de energía inmediato y una gran conexión con el Universo.

Puedes realizar esta misma práctica en solitario. Si estás leyendo este libro hoy, tanto si te das cuenta de ello como si no, es porque has asumido el compromiso de ser un faro. Cualquiera que se sienta guiado a seguir el camino espiritual cambiará la conciencia del mundo. Practica esta meditación cuando te sientas atrapado por el miedo y el victimismo, y recuerda que el mundo necesita tu luz.

## Mensaje milagroso 31:

No soy la víctima. Soy el faro.

#MilagrosYa

# 32. BÁÑATE EN LUZ

Cuando de lo que se trata es de vivir con vitalidad, una de las herramientas fundamentales es aprender a recargar la energía. Solemos pensar que, si no estamos abrumados y estresados, no hacemos nada. Esto es absurdo, porque el hecho de estar abrumados nos ralentiza y nos roba energía. Si bien no podemos evitar sentir cierta presión, hay herramientas que nos ayudan a recuperar la energía.

Una de mis herramientas preferidas para recuperar la energía es bañarme en una luz cálida. Sé que esto suena embriagador, ¡pero es muy poderoso! Encuentra un rincón apacible en tu hogar, en la sauna del gimnasio o incluso en tu oficina (cierra la puerta con llave). Túmbate en el suelo y visualiza una cascada de luz que cae sobre tu cuerpo. Inspira y espira profundamente por la nariz. Mientras respiras, permítete hundirte más y más en el suelo. Continúa visualizando esta cascada de luz que se vierte sobre ti, te calma, te limpia y te restaura.

Es posible que sientas cosquillas y que tu cuerpo empiece a vibrar. Solo es una señal de que tu energía está recalibrándose con la del Universo. Recuerda: solo somos energía rodeada de más energía. La física cuántica sugiere que, si se examina en detalle la estructura del átomo, se ve que allí solo hay ondas de energía. Estamos hechos de átomos que continuamente dan y absorben luz y energía, incluso mientras dormimos.

Cuando entiendes que el cuerpo solo está hecho de energía, te das cuenta de lo agotador que es estar estresado y abrumado. Piensa en tu cuerpo como si fuera una batería que puedes recargar con energía positiva. Cuando nos calmamos y centramos nuestra energía, empezamos a vibrar con las poderosas fuerzas que nos rodean. Da a tu cuerpo un baño de luz de un minuto que recargue tu batería.

## Mensaje milagroso 32:

Túmbate y recarga tu batería. El mundo necesita tu luz.

#MilagrosYa

# 33. CAUSA UNA PROFUNDA IMPRESIÓN

Incluso si eres muy parlanchín, como yo, lo cierto es que tu energía habla más alto y claro que tus palabras, de modo que es importante comprender el poder de la energía y de los pensamientos. Muchas personas lo dan por hecho: piensan que, si dicen y hacen las cosas adecuadas, gustarán a los demás. Pero todos notamos y registramos la energía de los otros, aunque solo sea a nivel subconsciente; sabemos cuándo las palabras o las acciones de alguien no reflejan su energía. Es importante aceptar el poder de tus pensamientos y sentimientos a fin de aprender a dejar una impronta positiva y una poderosa impresión energética.

Antes de entrar en un entorno en el que vas a compartir tu energía con otros, usa el ejercicio siguiente para limpiar tu campo energético y potenciar tu magnetismo. Comienza con una respiración completa y profunda: expande el diafragma y, al espirar, suelta el aire mientras el diafragma se contrae. Continúa con un ciclo de respiraciones profundas mientras despejas tu mente y estableces intenciones positivas. Dite a ti mismo: «Elijo retirar la energía negativa a la que me estoy aferrando. Elijo recuperar toda la energía positiva de mi alrededor y la mía interna. Mi intención es compartir mi energía positiva con el mundo». Con tu respiración y tus intenciones positivas, puedes cambiar tu estado de ánimo por completo y prepararte para compartir tu grandeza con todas las personas que encuentres.

Dejar una impresión energética positiva te servirá en muchos sentidos. Puede ayudarte a conectar con otros, pero el beneficio más importante es que sentirás más solidez y un mayor flujo vital. Este ejercicio te ayudará a limpiar tu energía antes de entrar en una nueva situación para que siempre puedas dejar una impresión positiva. Practícalo la próxima vez que entres en una sala. Tanto si te vas a encontrar con alguien a quien conoces muy bien como con un completo desconocido, ensáyalo para poder recurrir a él en todo momento.

### Mensaje milagroso 33:

Mi energía positiva causa una profunda impresión en el mundo.

#MilagrosYa

# 34. SÉ UNA MÁQUINA DE AMAR

¿Te pillas alguna vez juzgando a gente a la que ni siquiera conoces, como a esa persona en el metro que ocupa dos sitios? ¿O te sientes fuera de lugar en ciertos ambientes, tal vez en tu propia oficina, y proyectas pensamientos negativos sobre todos para «protegerte» de posibles heridas? Aunque tus juicios puedan ofrecerte un alivio temporal, en realidad a la larga nunca consiguen que te sientas mejor.

Cuando nos separamos de los demás, desconectamos de nuestra verdad amorosa y nos bloqueamos. La manera más rápida y eficaz de superar este bloqueo es enviar amor a todos. Ahora bien, no quiero sugerir que te acerques a los desconocidos en el autobús y les des un abrazo. Más bien te ofrezco la oportunidad de extender energía y pensamientos amorosos a todos los que veas.

Con la técnica número 33 aprendiste que dejas una poderosa impresión energética, buena o mala, en cada lugar adonde vas. De modo que iniciemos la práctica no solo de irradiar amor, sino también de compartirlo activamente.

Envía amor a todas las personas que veas a lo largo del día. Puedes enviar amor a través de una oración meditativa, de una sonrisa o de la simple intención de ser bondadoso. Si estás en el autobús, en el metro o incluso en un atasco de tráfico, envía amor a los demás viajeros. Puedes repetir mentalmente: «Rezo para que tengas un día bendito». Antes de entrar en tu entorno laboral, bendice en silencio a todos tus compañeros de la oficina. Y cuando vuelvas a casa por la noche con tus compañeros de piso o con tu familia, o incluso con tu gato, di una oración por ellos antes de atravesar la puerta.

*Un curso de milagros* nos enseña que la oración es el medio de los milagros. Con una simple oración de amor, puedes cambiarle el día a alguien. Es posible que ellos no sepan lo que estás haciendo, pero ¡sin duda lo sentirán!

Yogi Bhajan dijo: «Si no puedes ver a Dios en todos, no puedes verlo en absoluto». Considera que Dios y amor son lo mismo. Si quieres experimentar el amor divino en tu vida, practica viéndolo en todos. Piensa en ti mismo como en una máquina de amar que se torna más amorosa a medida que el amor se extiende.

Extiende el amor por doquier y presta atención a cómo te sientes. Presta atención también a cómo la gente reacciona a ti. A través de la oración, de la sonrisa o de un pensamiento positivo, puedes cambiarle la vida a alguien.

## Mensaje milagroso 34:

«Si no puedes ver a Dios en todos, no puedes verlo en absoluto.»

YOGI BHAJAN

#MilagrosYa

# 35. ENTREGA TUS OBSESIONES

¿Alguna vez deseaste algo con tantas ganas que se convirtió en una obsesión? Tal vez quieras un aumento de sueldo o quizá te consuma el deseo de encontrar pareja. No hay nada malo en desear algo, pero obsesionarte por el resultado puede arrastrarte hacia abajo deprisa.

Cuando uno se obsesiona con un resultado, los amigos suelen decirle: «Suelta y despreocúpate». Pero sabemos que despreocuparse no es fácil. A veces tenemos que hacer un esfuerzo extra y rendirnos a un nivel más profundo. La auténtica rendición nos permite soltar todos los resultados y confiar en que el Universo nos cubre las espaldas.

Durante años he realizado la práctica de entregar mis deseos a un triángulo sagrado. Sobre la pared tengo un triángulo sagrado de madera, un emblema procedente del médium Juan de Dios, de Brasil. Cada lado del triángulo representa un principio: coraje, fe y esperanza. Cuando tengo un deseo que no puedo soltar, escribo una nota al Universo: «Gracias, Universo, por guiar este deseo hacia _____. Lo dejo en tus manos y confío en que tu plan es mucho mejor que el mío». Pongo la nota dentro del triángulo y la dejó allí una semana. Cuando acaba la semana, la saco y la quemo. (Si quemar el deseo es peligroso por el entorno en el que te encuentras, simplemente échalo al inodoro.)

Este simple acto de escribir una nota al Universo y ponerla dentro del triángulo sagrado me ha ayudado a soltar algunas obsesiones serias. Una vez que está dentro del triángulo, desciende la quietud e inmediatamente me siento en paz.

Puedes fabricar tu propio triángulo o usar una pequeña «caja de Dios» una caja de zapatos o de joyas decorada. Tal como yo pongo mis deseos en el triángulo, puedes poner los tuyos en una caja. Funciona en los dos casos. El Universo sabe qué es lo que pasa y se encarga.

### Mensaje milagroso 35:

Entrego mis deseos y sé que el Universo
me cubre las espaldas.

#MilagrosYa

# 36. SUPERA LOS BLOQUEOS

En mi libro *Add More ~ing to Your Life*, compartí que me encanta saltar en minicamas elásticas. Este ejercicio fabuloso me hace sentir como una niña, refuerza mi sistema linfático y también me ayuda a superar bloqueos.

Cuando, sentada en mi escritorio, experimento el bloqueo del escritor o me abruman los cientos de *emails* sin leer, me pongo a saltar en la cama elástica. En un minuto mi cuerpo comienza a deshacerse del estrés. Recomiendo hacerlo durante diez minutos para lograr un máximo de paz y vitalidad. Hay algunas camas elásticas que me gustan; puedes encontrarlas en Gabbyb.tv/Miracles-Now.

Si no quieres comprar una cama elástica o no tienes espacio para ella, salta a la cuerda o baila en tu habitación. Gabrielle Roth, la fundadora de la danza de los cinco ritmos, dijo: «La danza es el camino más rápido y directo hacia la verdad». A veces, cuando de verdad necesito quitarme algo de encima, pongo una canción poderosa y empiezo a bailar.

El cuerpo humano necesita moverse. Las investigaciones demuestran que saltar (idealmente sobre una cama elástica) es uno de los ejercicios más eficaces por los beneficios que aporta al sistema linfático. Piensa en el sistema linfático como en la lavadora del cuerpo. Transporta los nutrientes a las células y retira los desechos. El movimiento es imperativo para que el sistema linfático opere bien. De lo contario, se bloquea y deja que las células se empapen de desechos sin nutrientes. Este estancamiento corporal puede producir cáncer, artritis, enfermedades degenerativas y envejecimiento.

El sistema linfático se mueve en una dirección. Los principales vasos linfáticos ascienden por las piernas, los brazos y el torso. Por eso el movimiento vertical, arriba y abajo, que se produce en la cama elástica ayuda tanto a bombear la linfa. Y si sueles usar ropa apretada para hacer ejercicio, esta vez no te la pongas. De hecho, ni siquiera deberías llevar sujetador. El movimiento libre de los pechos favorece la circulación de la linfa por sus tejidos. Sé que esto suena alocado, pero es vital para nuestra salud.

Rebota, salta, danza, haz lo que sea necesario para expulsar la tensión de tu cuerpo. Los movimientos verticales simples te ayudan a liberar bloqueos tanto mentales como corporales. No necesitas ceñirte a determinado tiempo ni usar un atuendo específico: solo estar dispuesto a atravesar los bloqueos.

## Mensaje milagroso 36:

Cuando muevo mi cuerpo, atravieso los obstáculos que me impiden acceder a mi verdadera salud y vitalidad.

#MilagrosYa

# 37. COMPARTE TU LUZ CON EL MUNDO

Es probable que no hables de lo asombroso que eres de manera regular, si es que lo haces alguna vez. A la mayoría de nosotros, y especialmente a las mujeres, se nos ha enseñado a considerar que ir más allá de la confianza callada es presumir. En muchos casos, cuanto más brillamos, más reacciones negativas recibimos. Es posible que un importante ascenso laboral te convierta en la diana de los chismes de la oficina, o que conseguir ser una estrella del pilates te granjee más cumplidos insinceros que felicitaciones. Este tipo de experiencias nos lleva a perder de vista nuestros talentos y nuestra chispa interna, lo que a su vez priva al mundo de nuestra grandeza.

Pero, cuando disimulas tu grandeza por miedo a que otros se sientan disgustados por ella, te olvidas de lo mucho que puedes brillar. Te daré cuatro consejos para convertir tu chispa interna en un fuego abrasador que muestre tu grandeza. Incorpóralos a tu día a día: cada uno de ellos requiere muy poco tiempo, pero los resultados serán inmensos.

**Primer consejo:** Mira hacia dentro. Nuestra cultura valora los indicadores externos del éxito: el impresionante título laboral, la boda escandalosamente cara, el armario con ropa de diseño (del tamaño correcto). Pero enfocarte en lo que está fuera de ti bloquea totalmente tu luz interna y puede bajar tu autoestima. Recuérdate que lo más hermoso de ti no tiene nada que ver con lo externo. Cuando sientas que te estás quedando atrapado en las cosas de fuera, simplemente medita. Siéntate en quietud entre uno y tres minutos y céntrate en la respiración. Te sentirás más asentado, más conectado contigo mismo y listo para brillar.

**Segundo consejo:** Muéstrate tal como eres. Al principio, asumir tus peculiaridades y rarezas —como poder recitar cada capítulo de la serie *Friends* o tener un sentido del humor poco convencional— puede resultar duro. Afrontémoslo: no ser como los demás exige valor, aunque lleves muchos años fuera de la escuela secundaria. Pero no hay nada más genial ni más maravilloso que tus auténticas verdades, desde las más serias hasta las más tontas. La próxima vez que tengas la oportunidad de decir lo que se te pasa por la cabeza, muestra tu lado vulnerable, e incluso pide lo que quieres. Cuanto más aceptes e integres tu auténtica personalidad, más fácil te resultará. Al dejar que brille tu verdad, te sentirás más conectado con los demás, y ellos también abandonarán su artificialidad y se sincerarán.

**Tercer consejo:** Reserva tiempo para lo que amas. Una manera simple y brillante de acceder a tu chispa interna es enfocarte en lo que te inspira. Tal vez te guste sacar fotos, pero tu cámara lleve meses acumulando polvo. Quizá te encante cocinar, pero últimamente has estado tan metido en otras cosas que tienes el cubo de basura lleno de recipientes de comida para llevar. Comprométete a reservar tiempo cada semana (o incluso cada día) para hacer lo que más te gusta.

Si no estás seguro de qué te inspira, basta con que prestes atención a las cosas que haces sin esfuerzo, solo porque te gusta hacerlas. Podría ser algo tan simple como escribir en tu diario, o probar un nuevo estilo de pelo en una amiga que te permite experimentar. Eres bueno en tantas cosas... Solo necesitas aprender a verlas.

**Cuarto consejo:** ¡Brilla con convicción! Comparte tus talentos y tus hallazgos favoritos con otras personas. Teje una bufanda para tu vecino preferido. Cuelga en Facebook esa artística lista de canciones que has elaborado. Envía por *email* a tus amigos esa historia breve que has escrito. Estas pequeñas acciones no son arrogantes ni intrusivas. Solo compartes lo que te hace feliz y, al mismo tiempo, invitas a otros a hacer lo mismo. Cuando tus parientes, amigos y compañeros de trabajo te alaben, acéptalo con un simple y sincero «gracias». Y no tengas miedo de ofrecer abundantes y sinceros cumplidos.

### Mensaje milagroso 37:

Cuando brillo con fuerza, doy permiso a
otros para brillar conmigo.

#MilagrosYa

# 38. CONSIDERA A QUIEN TE ATORMENTA COMO UN MENTOR

Probablemente hay personas en tu vida que te irritan y te hacen reaccionar: te pones nervioso cada vez que te las encuentras, como el compañero de la infancia que te hace sentir inseguro o el progenitor que sabe ponerte al límite a los cinco minutos de decirle hola. Por más difíciles que te parezcan estas personas, son tus mejores profesores. Aunque al principio esta idea te confunda, considera la posibilidad de que tengas algo que aprender de ellas. Como hemos ido explorando a lo largo de este libro, un obstáculo es una ocasión de aprender y crecer. Entonces, ¿cómo puedes empezar a considerar a los que te atormentan como mentores?

El ejercicio es simple. Cuando un «torturador» te toque las narices, en lugar de apresurarte a defenderte o intentar desacreditar sus palabras, tómate un momento para respirar con profundidad. Después de tres respiraciones largas y profundas, dite a ti mismo: «¿Qué puedo aprender de esto?». Abre tu conciencia para recibir guía sobre lo que puedes aprender de esa situación. Los sentimientos que otros provocan en ti deben salir a la superficie. En lugar de reprimirlos y de culpar a la otra persona de volverte loco, presta atención a lo que surge en ti. Si se activa algo, es porque hay algo que sanar.

Tras preguntarte qué puedes aprender de la situación, tómate un minuto para sentarte en quietud. Permite que tu subconsciente se abra para recibir información. Es muy posible que tu intuición te hable en voz alta y te ofrezca guía. Tal vez escuches una palabra como «libera» «ama»o «perdona» Honra los relámpagos de intuición que recibas.

Si no recibes ninguna guía en ese minuto de quietud, presta atención a lo que vaya surgiendo sutilmente a lo largo del día. Es posible que oigas una canción que permita soltar la ira acumulada o que un tuit te transmita el mensaje exacto que necesitas oír. La guía puede llegar de muchas formas y está disponible para todos nosotros. Solo tenemos que pedirla y buscar las señales.

Si te toca lidiar con una persona muy difícil, a veces la primera lección es simplemente mostrarse tolerante y tener paciencia. Es posible que te lleve tiempo aproximarte al amor y al perdón, pero dar este primer paso para aprender a tolerar a otros y ser paciente con ellos puede ayudarte a sacudirte de encima el resentimiento y la ira, y a convertir al torturador en un mentor.

## Mensaje milagroso 38:

Puedo ver a quien me atormenta como un mentor.

#MilagrosYa

# 39. BASTA CON HACER ACTO DE PRESENCIA

Confesión: no siempre practico lo que predico. Muchos días me salto el ejercicio o acorto la meditación. Mi ego se resiste al crecimiento personal y a la práctica espiritual tanto como el de cualquier otra persona. Es fácil que me vea atrapada en la trampa de la pereza y la evitación, y eso nunca me hace sentir bien.

Todos experimentamos cierta apatía en algún momento de nuestra práctica de crecimiento personal. Tanto si vamos a la pastelería en lugar de al gimnasio como si evitamos a nuestro terapeuta durante meses, nos afecta algún tiempo de resistencia. Una excusa estupenda es la falta de tiempo. La gente suele decirme «no tengo tiempo para meditar» o «no tengo tiempo para rezar». Mi respuesta es: «¿Tienes tiempo para sentirte fatal?». Lo cierto es que cuando dedicas tiempo a tu crecimiento personal, acabas ahorrando tiempo, porque no lo desperdicias a toneladas revolcándote en emociones perniciosas. Si estás dispuesto a salir del atasco y a seguir adelante, este principio será la luz que te guíe.

Me ayudó mucho con mi apatía ocasional una sugerencia de uno de mis profesores de *kundalini* yoga. Me dijo que el noventa por ciento de la práctica consiste exclusivamente en ir a clase o en sentarse sobre la esterilla. Hacer acto de presencia es una importantísima declaración al Universo de que estás preparado, dispuesto y eres capaz de recibir guía. El hecho de presentarte te ayuda a crear un nuevo hábito y a salir del atasco.

De modo que, si estás evitando el gimnasio, no fantasees con lo que harás ni con cómo te sentirás cuando llegues allí: ¡átate las zapatillas y ve! O si descuidas tu práctica meditativa, siéntate sobre el cojín y empieza a cantar el *Om*. Cuando te pilles revisando tu cuenta de Twitter de manera anodina, viendo películas por segunda vez o deambulando despistado por las tiendas, sácate del aturdimiento y aprovecha la oportunidad para saltar fuera de ese hábito.

Toma la decisión de hacer aquello que te producía apatía. Deja de esperar que ocurra algo importante y simplemente haz acto de presencia.

## Mensaje milagroso 39:

El noventa por ciento de la práctica de crear nuevos hábitos consiste únicamente en hacer acto de presencia.

#MilagrosYa

# 40. MEDITA PARA SANAR LA ADICCIÓN

De una forma u otra, todos sufrimos alguna adicción. Algunos eligen las drogas o el alcohol, mientras que otros se enganchan a la comida, el sexo, el trabajo, Internet... Es una larga lista. Nos orientamos hacia estas sustancias o actividades en un esfuerzo por evitar sentir incomodidad. Incluso si no somos adictos a los vicios tradicionales, como los cigarrillos y el alcohol, podemos ser adictos subconscientemente a patrones neuróticos: miedo, rechazo, victimismo, etc.

Cuando somos adictos a algo, se produce un desequilibrio en la glándula pineal (también llamada tercer ojo). Cuando esta pequeña glándula endocrina, ubicada en el cerebro de los vertebrados, está desequilibrada, los malos hábitos se convierten en adicciones severas. El desequilibrio de la glándula pineal afecta a la glándula pituitaria, que regula el resto del sistema endocrino. Cuando la pituitaria está afectada, la totalidad del cuerpo y la mente se desequilibra.

Esta meditación puede ser curativa para cualquiera, pero es particularmente útil para quienes tienen adicciones severas y para los que se recuperan de cualquier tipo de adicción. Empléala para superar cualquier forma de dependencia, desde el alcoholismo hasta la fijación en los pensamientos temerosos.

Sigue las directrices que aquí se ofrecen y usa esta imagen como ayuda. Esta meditación ha sido adaptada de las enseñanzas de Yogi Bhajan.

**Postura:** Siéntate en la postura fácil (con las piernas cruzadas sobre el suelo). Endereza la columna.

**Ojos:** Mantén los ojos cerrados y enfócate en el entrecejo.

**Mantra:** *Saa Taa Naa Maa.*

**Mudra:** Cierra las dos manos en forma de puños y extiende los pulgares. Ponte los pulgares sobre las sienes y encuentra ese nicho donde encajan. Cierra la boca de modo que los molares posteriores encajen y mantén los labios cerrados. Con los dientes cerrados en todo momento, aprieta con fuerza los molares y suelta. Hay un músculo que se moverá rítmicamente bajo tus pulgares. Siente cómo masajea los pulgares y aplica una firme presión con las manos. Haz vibrar en silencio los cinco sonidos primarios, el *Panj Shabd: Saa Taa Maa Naa*, en el entrecejo (como se ve en la fotografía).

**Tiempo:** Continúa durante entre cinco y siete minutos. Con la práctica podrás incrementar el tiempo a veinte minutos, y más adelante podrás llegar a los treinta y uno.

Esta meditación te ayudará a curar cualquier adicción. Practícala durante cuarenta días o más; repetirla te ayudará a deshacer tus hábitos adictivos y te liberará.

### Mensaje milagroso 40:

Yo no soy mis hábitos adictivos.

Soy feliz. Soy libre.

#MilagrosYa

# 41. GESTIONA EL TEMOR TRAS UN SUCESO TERRORÍFICO

Es posible que cuando ocurran cosas terroríficas en el mundo sientas temor, aunque vivas a miles de kilómetros de distancia. ¿Cómo podemos lidiar con el miedo en estas situaciones? Resulta fácil esconderse en un bar, insensibilizarse en Internet o apagar las noticias y pretender que no ocurre nada. Pero, si evitas el miedo, este acosará a tu subconsciente. Cuando ocurren tragedias, se produce un impacto emocional que sigue presente hasta que se cura.

No hay maneras correctas ni equivocadas de gestionar nuestras emociones, aunque hay herramientas que pueden ayudar. Practica estos tres pasos para honrar tus temores y dolores, lidiar con ellos y sanarlos.

**Primer paso:** Sé honesto con respecto a tu miedo. Es saludable admitir que tienes miedo. Cuando reconoces tu temor con honestidad, liberas la tensión que te causa aferrarte a él. Comenta tu miedo con un ser querido, escribe sobre él en tu diario o comparte tu experiencia con un terapeuta o grupo de apoyo. Admitir abiertamente tu temor es un paso crucial para superarlo.

**Segundo paso:** Respira tus emociones. El paso siguiente consiste en identificar en qué parte de tu cuerpo llevas el miedo. Podría estar ubicado en la garganta, en los hombros, en el pecho o en el estómago. Siéntate durante un momento de quietud y nota dónde está situado en tu cuerpo. ¿Qué parte de ti se siente tensa, apretada, nudosa? Respira profundamente hacia ese lugar. Continúa respirando hacia la tensión y, al espirar, suéltala. Sigue con este ciclo de respiración hasta que sientas que la tensión se deshace. La respiración es tu mejor herramienta para eliminar el miedo del cuerpo.

**Tercer paso:** Sé más bondadoso. Este último paso te ayudará más de lo que te puedas imaginar. Tu bondad es el mayor poder del que dispones para sanar el mundo. Cuanta más gente ejerza la bondad y la compasión, menos destrucción, terror y ataques se producirán. A partir de este momento muéstrate más bondadoso con todas las personas de tu vida, incluso con los extraños.

Si te sientes impotente, encuentra tu poder ahora. Honra tus sentimientos, respira para deshacer la tensión y ejercita tu mayor virtud: la bondad. Tu verdadero poder reside en tu capacidad de amar.

## Mensaje milagroso 41:

Cuando honro mis sentimientos, encuentro mi poder en situaciones de impotencia.

#MilagrosYa

# 42. RESPETA EL DINERO Y EL DINERO TE RESPETARÁ A TI

Una querida amiga mía es una empresaria que a menudo se quejaba de sus dificultades económicas. Un día, mientras protestaba por sus facturas, sacó la cartera para pagar algo. Cuando la vi, me quedé sin aliento. Llevaba una cartera hecha jirones y llena a reventar de tarjetas de crédito, monedas, recibos amontonados, barras de labios y Dios sabe qué otras cosas. Mi comentario inmediato fue: «¡Si quieres ordenar tus finanzas, tienes que limpiar tu cartera!».

Al día siguiente me envió una foto de su nueva cartera de color rojo. Cada sección estaba perfectamente organizada y podía encontrar el dinero con facilidad. En el plazo de dos semanas su negocio se reactivó y pudo cerrar algunos tratos comerciales que llevaban meses retenidos. Yo creo que fue su cartera. Una vez que puso en orden su dinero personal, deshizo sus obstáculos inconscientes y fue capaz de moverse con libertad y facilidad en cualquier situación relacionada con el dinero y los negocios.

¿Tienes problemas económicos? ¿Te ocurre muchas veces que el trato no se cierra, que el trabajo no sale o que no tienes suficiente dinero? En muchas ocasiones, un problema económico surge de un bloqueo energético. Recuerda: la energía está en todas partes, incluso en tu cartera. En nombre de tus finanzas y de tu economía, limpia tu cartera para despejar tu conexión energética con el acto de recibir.

Si tu cartera está vieja o demasiado llena, compra una nueva, limpia, que sea muy bella y pueda contener todo lo que necesitas. La bloguera del autoamor Gala Darling dice: «Tu cartera es un reflejo de lo que sientes con respecto al dinero. De modo que examina si está desgastada, hecha jirones o rasgada. ¿No has cambiado de cartera en los últimos veinte años? Vuelve a empezar». La cartera no es solo un accesorio, es donde almacenas el dinero. ¡Asegúrate de que te guste mucho! No temas invertir en una con la que te sientas bien.

Al elegir una nueva cartera, sé consciente de su color. En la tradición del *feng shui* hay ciertos colores que favorecen la abundancia, como el oro, el rojo y el verde. Prescinde del dorado brillante o del rojo radiante. En cuanto a este consejo de renovar tu cartera, apuesta a lo grande o retírate completamente.

La experta en *feng shui* Kate MacKinnon dice: «Como todo en el *feng shui*, la forma más importante de hacer sitio es retirar lo innecesario. De modo que asegúrate de que en tu cartera no haya cosas superfluas (papeles, recibos, etc.) y de que esté bien organizada».

La nueva cartera limpia no solo te apoyará energéticamente, también declarará al Universo que estás dispuesto a recibir. Respeta tu dinero y tu dinero te respetará a ti.

## Mensaje milagroso 42:

Respeta el dinero y el dinero te respetará a ti.

#MilagrosYa

# 43. ELIJO PAZ EN LUGAR DE ESTO

A lo largo de mi camino de crecimiento espiritual, uno de los mensajes de *Un curso de milagros* que siempre ha resonado profundamente en mí es: «Solo la mente decide con respecto a lo que quiere recibir y dar». Este punto me recuerda que en cualquier situación puedo elegir entre percibir amor o percibir miedo. Mediante la práctica diaria de elegir el amor en lugar del miedo, al final el amor se convierte en una respuesta involuntaria. Por supuesto, mi ego temeroso se cuela con frecuencia. Pero, gracias a la perseverancia, ahora la voz amorosa habla más alto y claro.

Vivir una vida milagrosa exige compromiso. A cada momento tenemos una tarea espiritual divina ante nosotros: elegir el amor o elegir el miedo. Por lo tanto, lleva este concepto contigo a lo largo del día. En cuanto te veas eligiendo el miedo, el ataque, el juicio y la separación, di: «Elijo ver paz en lugar de esto». Haz que este sea tu mantra.

Cuando eliges el amor en cualquier sentido, conectas conscientemente con tu yo superior y pides que el amor reinterprete la situación. Sí, esta afirmación es fácil de aplicar cuando el problema con el que tienes que lidiar no es muy grande. Ahora bien, cuando tengas delante una tarea muy pesada, usa este principio todavía con más convicción. Confía en su poder y verás resultados que no puedes imaginar. *Un curso de milagros* dice: «Los milagros surgen de la convicción». Practica este principio en toda situación y potencia tu compromiso con los milagros. En un instante sentirás que se instaura la paz.

## Mensaje milagroso 43:

Cuando dudes, di: «Elijo ver paz en lugar de esto.»

#MilagrosYa

# 44. EMPIEZA EL DÍA CON EL PIE DERECHO

Tu rutina matinal establece el tono para el resto del día. Si eres el tipo de persona que dormita más allá del límite, consulta los *emails* en cuanto se levanta y después pone las noticias mientras toma una taza de café, probablemente comenzarás el día estresado. No juzguemos, amigos, pero seamos realistas. Cuando empiezas el día con estresantes y estimulantes, te preparas para vivir una experiencia caótica y cargante.

Una de las herramientas clave para vivir una vida fluida es empezar el día con el pie derecho, literalmente. Una antigua técnica *kundalini* sugiere que te levantes de la cama con tu pie dominante. ¿Cómo sabes cuál es el pie dominante? Basta con espirar por una fosa nasal primero y por la otra después y ver qué lado está más congestionado y cuál más despejado. Debes apoyar primero el pie del lado despejado. Si tu fosa nasal derecha respira con facilidad, apoya primero el pie derecho. Sé que esto suena tonto, pero marca una diferencia notable en tu forma de empezar el día.

Una vez que te levantes y salgas de la cama, NO consultes tus *emails,* tus mensajes de texto ni pongas las noticias. Más bien comienza con una afirmación positiva. Si tienes una afirmación preferida, recítala en voz alta o pégala en una nota adhesiva sobre el espejo. Si deseas recibir guía en esta área, consulta mi *app* Despertador para Adictos al Espíritu[6] en Gabbyb.tv/Spirit-

---

6. Spirit Junkie Alarm App. *(N. del T.)*

Junkie-App. En lugar de iniciar el día con el molesto sonido del despertador, comiénzalo con hermosos tonos y con la afirmación positiva que surge en la pantalla. Un pensamiento positivo a primera hora de la mañana puede acompañarte y elevarte durante el resto del día. Tu sistema nervioso es muy sensible a tus pensamientos. Es importante que te asegures de que los pensamientos matutinos sean amorosos y te fortalezcan, porque establecen los cimientos para toda la jornada.

Finalmente, antes de irte de casa, proponte una intención positiva para el día, como ser bondadoso contigo mismo y con los demás, potenciar a tus compañeros de trabajo, ser creativo o perdonar más. Cuando estableces intenciones positivas al principio del día, te mantienes enganchado a ellas.

Emplea estas herramientas cada mañana y espera milagros.

## Mensaje milagroso 44:

Comienzo el día con gratitud y amor.

#MilagrosYa

# 45. QUE LA PAZ SEA TU RESPUESTA

A veces las mayores lecciones y las mejores herramientas proceden de las circunstancias más inesperadas. Por ejemplo, yo suelo colgar *selfies* en Instagram, Twitter y Facebook. Como ávida adicta a las redes sociales, disfruto compartiendo mi vida e interactuando con los lectores. No obstante, cuando se cuelgan cosas con frecuencia, a menudo surgen comentarios negativos. Al revisar antiguos mensajes en Instagram, me di cuenta de que había toneladas de comentarios sobre una foto mía. Los consulté de inmediato y descubrí que un montón de gente había reaccionado agresivamente a la imagen, me había denigrado por compartir autorretratos y juzgado por mi dieta básicamente vegetariana.

Continué leyendo los comentarios y leí uno de un fiel seguidor de Spirit Junkie, que respondía con una cita de la periodista y crítica Dream Hampton: «Afronta las habladurías con el silencio». El mensaje me encantó y sentí que se me abría el corazón. Esta cita me recordó una de las grandes lecciones de *Un curso de milagros:* «En mi indefensión radica mi seguridad». El *Curso* nos recuerda que, cuando nos defendemos de los ataques, invertimos energía en el ataque.

Defenderse de un ataque solo genera más estrés, drama y angustia. No digo que no tengas que ponerte de tu parte cuando es necesario, pero sugiero que trates de quedarte en silencio ante este tipo de agresiones. Al principio esto puede resultar duro porque la respuesta involuntaria de nuestro ego es contraatacar y protegernos. Pero piensa por un momento en cómo te sientes cuando te defiendes de un ataque. Es probable que te estreses, te enfades y te desequilibres. Si tu intención es la paz, deja que la paz sea tu respuesta.

La próxima vez que te sientas atacado del modo que sea, usa este milagro instantáneo para cambiar tu percepción y elegir la paz en lugar del miedo. En un momento puedes neutralizar todos los pensamientos de ataque con amor.

### Mensaje milagroso 45:

«Afronta las habladurías con el silencio.»

DREAM HAMPTON

#MilagrosYa

# 46. MIDE TU ÉXITO EN FUNCIÓN DE CUÁNTO TE DIVIERTES

En Nochevieja practico el ritual de anotar mis intenciones para el nuevo año. En los últimos dos años he anotado la intención de medir mi éxito en función de cuánto me divierto. Llegué a ella después de vivir la situación opuesta y tocar fondo. Durante algún tiempo medí mi éxito en función de mi nivel de estrés, pero después me rendí al hecho de que el verdadero éxito tiene que basarse en la felicidad.

Resulta fácil medir el éxito por el dinero, el estatus relacional o las credenciales laborales. Pero he aprendido que nada externo puede hacernos sentir felices de verdad. La felicidad es interna. Podemos sentir placer por los éxitos que conseguimos en la vida, pero debemos enfocarnos en el mayor éxito de todos: vivir una vida divertida y satisfactoria.

Nuestro trabajo consiste en encontrar la diversión en todo. Algunas de las personas más felices que conozco tienen la capacidad innata de hallar alegría en las situaciones más tristes. Gurmukh, mi profesora de *kundalini* a la que ya he aludido, es un ejemplo fantástico. A los setenta años, exuda la inocencia de una niña pequeña, y todas las personas y cosas le alegran la vida. Rebosa alegría al margen de las circunstancias por las que pase.

Lo que he aprendido de Gurmukh es que su estado de dicha es una elección consciente. Aunque es una yogui dedicada, tiene que seguir comprometiéndose con la paz cada día. Preservar la dicha es un compromiso que se ha de mantener momento a momento; la energía del mundo que nos rodea puede sacarnos de ella en un instante. Nuestro trabajo en mantenernos alegremente en el flujo.

Para aplicar este principio a tu vida, empieza por establecer un compromiso. Pon esta afirmación en tu escritorio, en el espejo, en el salpicadero del coche o en cualquier lugar donde la veas con frecuencia: «Mido mi éxito en función de cuánto me divierto». Durante los próximos cuarenta días, comienza la mañana con esa afirmación. Al despertar, asume el compromiso de elegir la alegría. Busca conscientemente la dicha en toda situación. Saborea la comida, siente la bendición de la sonrisa de un extraño, deja que todo lo que te rodea provoque tu curiosidad. Este nuevo hábito reportará grandes beneficios a tu bienestar físico, emocional y espiritual.

¡Puedes empezar ahora mismo divirtiéndote con cada ejercicio de *Milagros ya*! La gente suele considerar el crecimiento personal como un trabajo. En lugar de hacerlo difícil, hazlo alegre. Para producir cambios en la vida debemos emplear algo más que la fuerza de voluntad: tenemos que encontrar alegría en la transformación. Practica este principio en todo momento y vivirás con alegría.

## Mensaje milagroso 46:

### Mido mi éxito en función de cuánto me divierto.

#MilagrosYa

# 47. TU PRESENCIA ES TU PODER

La capacidad de lidiar con lo que nos estresa y de dar una respuesta positiva al estrés recibe el nombre de «alostasis». El cuerpo es capaz de restaurar su equilibrio de manera natural. Pero, cuando los estímulos estresantes dominan, perjudican el funcionamiento natural del cuerpo. Si nos estresamos en exceso, la respuesta al estrés se vuelve contra nosotros. A esto se lo llama «carga alostática».

Cuando experimentas una carga alostática, lo más probable es que el mundo que te rodea refleje tu bajo nivel de energía. Si el estrés se adueña de la situación, la vida en general parecerá llena de obstáculos. Las otras personas pueden sentir nuestra energía a nivel subconsciente, de modo que, para tener relaciones y experiencias poderosas y que fluyan libremente, debemos contar con las herramientas necesarias para limpiar nuestro campo energético.

Somos nuestra presencia y nuestra presencia es nuestro poder. La energía-fuerza que llevamos a todas las situaciones y relaciones se refleja directamente en lo que recibimos de vuelta. Esta energía-fuerza es nuestra presencia. Accede al poder de tu presencia practicando la meditación siguiente, llamada «respiración de fuego con garras de león». ¡Vaya, garras de león! Este breve ejercicio (o *kriya*) tiene un efecto inmediato en el cerebro y en el campo electromagnético (el poder de la presencia). Te sugiero que practiques esta meditación durante nueve minutos, pero incluso un minuto produce un cambio energético.

Esta es una descripción de la meditación tal como la enseñó Yogi Bhajan. La imagen de la página 123 te muestra cómo practicarla. También puedes visitar Gabbyb.tv/Miracles-Now para ver el vídeo.

**Postura:** Siéntate en la postura fácil, con un ligero cierre del cuello, la barbilla recogida y la lengua cerca del paladar *(jalandhar bandha)*.

*Mudra:* Curva y tensa los dedos de las manos (garras de león). Mantén la tensión en las manos a lo largo del ejercicio. Extiende los brazos hacia los lados, paralelos al suelo y con las palmas hacia arriba. La presión aplicada en las manos activa reflejos en las puntas de los dedos que van a cada área del cerebro. El movimiento de los brazos moviliza la linfa y también presiona el sistema nervioso para que cambie su estado actual.

**Respiración y movimiento:** Lleva los dos brazos hacia arriba por encima de la cabeza de modo que las manos pasen por encima de la coronilla. Los codos están doblados y las palmas miran hacia abajo. Seguidamente vuelve a bajar las manos extendiendo los brazos hacia fuera, paralelos al suelo. Comienza un movimiento rítmico de esta manera. Alterna la mano que queda delante cuando se cruzan los brazos por encima de la cabeza. El movimiento de los brazos crea una respiración poderosa y sigue un ritmo muy rápido. Inspira extendiendo los brazos y espira cruzándolos por encima de la cabeza. Esta respiración es rápida y mantenida, y, añadida al movimiento, potencia el funcionamiento de la pituitaria y estimula la glándula pineal, lo que incrementa la irradiación y la frecuencia sutil de la proyección cerebral.

**Tiempo:** Mantenla durante nueve minutos. (Puedes practicar durante un minuto y aun así conseguir grandes beneficios.)

**Para acabar:** Sin romper el ritmo del ejercicio, saca la lengua y bájala hasta donde puedas. Mantenla así durante quince segundos.

A continuación inspira, mete la lengua y fija los brazos en un ángulo de sesenta grados, de modo que formen un arco alrededor de la cabeza con las palmas mirando hacia abajo unos quince centímetros por encima de la cabeza. Las manos siguen manteniéndose en garras de león. Contén el aliento durante quince segundos.

Mantén los brazos fijos mientras realizas una espiración e inspiración completas. A continuación, contén el aliento treinta segundos. Relájate y baja los brazos. Medita en el centro corazón. Sigue el suave flujo de la respiración. Canta una canción que te inspire y te eleve. Continúa entre tres y cinco minutos.

Practica esta meditación para expandir tu presencia y tu poder interno. El mundo necesita tu verdadera fuerza, de modo que no tengas miedo de dejarla brillar. Si sientes que experimentas la carga alostática, usa esta meditación para realinear tu campo energético y habitar un espacio de paz.

## Mensaje milagroso 47:

### Tu presencia es tu poder.

#MilagrosYa

# 48. RESUELVE EL CONFLICTO INTERNO

Por muy bien que te vayan las cosas en la vida, el ego siempre encuentra el modo de generar un conflicto interno. De hecho, me he dado cuenta de que, cuanto más feliz soy, más astuto se vuelve mi ego. Todo puede irme genial y de repente, en un instante, alguna creencia alocada del ego me descentra y me da vueltas sin control.

*Un curso de milagros* enseña: «Nunca estoy disgustado por la razón que creo». Todo conflicto interno surge de las ilusiones temerosas que el ego sitúa con tanto arte en nuestra psique. Estas ilusiones surgen una y otra vez a menos que elijamos ser maestros de nuestra propia mente.

Yogi Bhajan dijo: «Si dominas tu mente, dominas la totalidad del Universo». La meditación *kundalini* nos permite liberarnos de la fortaleza del ego y abandonar el apego a sus creencias temerosas. El compromiso espiritual puede resolver el conflicto interno.

La técnica de hoy es una poderosa meditación *kundalini* llamada «resolución del conflicto interno». Esta práctica ayuda a amansar el ego y a disolver cualquier sensación de separación. Te abrirá el corazón para que puedas tener y mantener una experiencia de compasión.

## Meditación para resolver el conflicto interno

Siéntate cómodamente con las piernas cruzadas en el suelo. Ponte las palmas en la parte alta del pecho con los pulgares mirando hacia arriba.

Inspira por la nariz durante cinco segundos.

Espira por la nariz durante cinco segundos.

Contén la respiración durante quince segundos.

Continúa con este ciclo de respiración durante un minuto (o todo el tiempo que quieras).

Deja que esta respiración te abra el corazón.

Permite que el mensaje milagroso de hoy te recuerde que puedes elegir abandonar el conflicto interno siguiendo tu camino espiritual.

### Mensaje milagroso 48:

Mi práctica espiritual puede resolver
todo conflicto interno.

#MilagrosYa

# 49. PROTÉGETE DE LA ENERGÍA NEGATIVA

¿Alguna vez te sientes muy agotado después de pasar tiempo con alguien, casi como si te robara la energía? Si has tenido algún encuentro de este tipo, es probable que te toparas con algún vampiro energético. A menudo sin darse cuenta, esta gente toma tu energía positiva y te deja con una impronta de energía negativa.

Sé que esto puede sonar extraño, pero es importante entenderlo. Cada uno de nosotros está hecho de energía, y a medida que fluimos en el campo de energía universal, podemos recoger fácilmente lo que otros emiten. También es fácil que otras personas eleven nuestras buenas vibraciones. Si entiendes esto, puedes aprender a proteger tu energía.

El primer paso consiste en reconocer a los vampiros energéticos que tienes en tu vida. Ten cuidado de no juzgarlos ni denigrarlos. Recuerda: todos hacemos las cosas lo mejor que podemos. Las personas que no tienen ninguna conciencia de la energía no son perversas ni maliciosas; solo se esfuerzan por seguir adelante. De modo que, en lugar de culparlas, toma conciencia de que te dejan seco o con una carga negativa.

Empieza elaborando una lista de las personas que te afectan negativamente a nivel de la energía. Para identificar a un vampiro energético, fíjate si cumplen las siguientes características:

- ¿Te sientes cansado o débil después de pasar tiempo con él?

- ¿Experimentas una depresión suave, o incluso aguda, cuando abandonas su compañía?
- ¿Te hacen sentir agotado o aletargado?

Si respondes con honestidad a estas preguntas, reconocerás enseguida a los vampiros energéticos de tu vida. Ahora vamos a establecer unos límites para proteger tu aura, el campo de energía que te rodea. Sin juicio, empieza a usar este principio para apoyarte a ti mismo.

Tras identificar a los vampiros, establece el compromiso consciente de protegerte, tanto si estás cerca de ellos físicamente como si no. Es importante entender que las cuerdas energéticas que vinculan a las personas siguen existiendo aunque estés a muchos kilómetros de distancia.

¿Recuerdas el ejercicio de bañarse en luz? Esa misma luz energizante también puede protegerte. Visualiza un escudo de luz dorada que te rodea y protege. Cuando pienses en esa persona o entres en su espacio físico, asegúrate de activar tu escudo de luz. Sé que esto suena un poco raro, pero confía en mí porque sé que funciona. Nuestras intenciones crean nuestra experiencia, de modo que, si quieres escudarte de la negatividad, debes ser incompatible con esas malas vibraciones.

Cada vez que te encuentres con alguien que haya puesto una impronta negativa en ti, recita esta oración: «Pido que cualquier energía negativa que yo haya recogido sea retirada, reciclada y transmutada. Pido que cualquier energía positiva que haya perdido sea recuperada ahora». Tal como puedes crear fronteras poderosas con tus palabras, también puedes crear otras aún más poderosas con tus oraciones.

Convierte la toma de conciencia de cómo te afecta la energía de otras personas en una práctica. Y no olvides el poder de tu energía en los demás: sé consciente de las improntas que dejas.

## Mensaje milagroso 49:

Al extender energía amorosa, atraigo más amor.

#MilagrosYa

# 50. «EL AMOR ENTRARÁ DE INMEDIATO EN CUALQUIER MENTE QUE EN VERDAD LO DESEE»

*Un curso de milagros* enseña que los milagros surgen de la convicción. Nuestra convicción y nuestro compromiso con el amor nos ayudan a seguir brillando desde dentro.

Para vivir una vida milagrosa debemos mantener el compromiso con los milagros. Mientras fluctuamos dentro y fuera del miedo, nos resulta fácil quedarnos enganchados en las ilusiones del ego con respecto al mundo. Cada uno tiene áreas específicas de su vida que pueden activar sus temores. Para algunos es el dinero, para otros son las relaciones de pareja o la imagen corporal, y así sucesivamente. Si queremos mantener la orientación milagrosa y vivir con fluidez, debemos elegir proactivamente el amor con tanta frecuencia como podamos.

¿Estás dispuesto a comprometerte todavía más? El mensaje que nos guía hoy proviene del *Curso:* «El amor entrará de inmediato en cualquier mente que en verdad lo desee». Ahora que eres más disciplinado en tu práctica espiritual es el momento de notar cuando el ego te distrae de los milagros. Cuando tengas dudas, usa este mensaje. Recuérdate proactivamente: «El amor entrará de inmediato en cualquier mente que en verdad lo desee». Emplea esta afirmación en todo momento y toma la decisión de elegir el amor en lugar del miedo. Tu deseo es tu convicción y los milagros surgen de ahí.

A medida que pasen los días, comprométete más con los milagros. Deja que cada milagro sume mientras te diriges hacia la segunda mitad de este libro. Cada nuevo día nos ofrece oportunidades de aprender, crecer y fortalecer la fe en el amor.

## Mensaje milagroso 50:

«El amor entrará de inmediato en cualquier
mente que en verdad lo desee.»
UCDM

#MilagrosYa

# 51. ¡DEJA QUE LA GENTE DESPOTRIQUE SI QUIERE!

A menudo escucho el programa de radio de la doctora Christiane Northrup, y siempre recibo unos consejos y una sabiduría increíbles. En un programa, una de las personas que llamó se quejó de que a su madre le gustaba despotricar acerca de lo desdichada que era. Dijo: «Mi madre odia la vida y no cree en la felicidad».

Cuando oí este comentario, mi curiosidad llegó al máximo. ¿Cómo respondería la doctora Northrup? Y lo hizo sin dudar: «Deja que se queje».

Dijo que, cuando la gente insiste en vivir en el miedo, nuestro trabajo no es transformarla. Una herramienta poderosa para tratar con la gente negativa es dejar que sea negativa. Northrup sugirió dejar despotricar a quien quiera hacerlo, e incluso llegar a participar en la negatividad. Puedes decir cosas como: «Sé lo difícil que esto debe de ser para ti. Realmente es horrible».

Esta actitud parece contraintuitiva, pero reforzar la negatividad puede empujar a la persona hacia una experiencia más útil. Es posible que se sienta aliviada porque ya no tiene que defender su actitud negativa. O puede experimentar un momento de comprensión en el que contemple que su negatividad es una ilusión. Cualquiera que sea el resultado, esta práctica ayudará a la otra persona a experimentar verdaderamente su negatividad.

Este ejercicio no solo ayudará al otro, también te ayudará mucho a ti. Cuando nos resistimos a la negatividad ajena, empezamos a sentirnos negativos. Pero, cuando permitimos que la negatividad surja y pase, podemos ser el observador en lugar de la esponja que absorbe sus malas vibraciones. Haz la prueba la próxima vez que estés con alguien que quiera despotricar y disfruta de los edificantes resultados.

## Mensaje milagroso 51:

Permitir que las personas observen su comportamiento puede ayudarlas a superarlo.

#MilagrosYa

# 52. MEDITA PARA ABANDONAR LA IRRACIONALIDAD

¿Has estado alguna vez bajo tanta tensión emocional que te has vuelto irracional? Admito que esto me pasa de vez en cuando, como cuando estoy agotada o frustrada por un resultado, o cuando me salto mi *sadhana* diaria (práctica espiritual). Resulta fácil descontrolarse y perder los nervios con un ser querido (¡o con un extraño!).

Uno de los aspectos de mostrarse irracional es que, en el fondo, sabes que tu «reina del drama» interna sale a la superficie. Incluso si tu ego quiere montar el número, tu yo superior sabe que tú tienes mucha más serenidad que eso. Este es un juego en el que todos perdemos: es probable que las otras personas se molesten y que subconscientemente tú te sientas como un niño petulante. En lugar de dejar que tu ego se lleve lo mejor de ti, practica esta meditación con frecuencia para calmar la mente, aliviar los nervios y protegerte de la irracionalidad.

Esta meditación *kundalini* recibe el nombre de «meditación número 3 para llevar en la mochila». Puedes usarla en cualquier momento y lugar. También es genial para relajar el estrés y mantener una vibración calmada.

## Meditación número 3 para llevar en la mochila

Siéntate cómodamente en la postura fácil, con las piernas cruzadas en el suelo. El *mudra* que se practica en esta meditación es diferente para hombres y mujeres. Si eres mujer, ponte la mano izquierda a la altura de la oreja, con el pulgar y el dedo anular tocándose. Seguidamente, sitúa con delicadeza tu mano derecha sobre el regazo, con la punta del pulgar y el dedo meñique en contacto. Si eres hombre, invierte las posiciones de las manos pero usa el mismo *mudra* (como se ve en esta imagen).

Mantén los ojos ligeramente abiertos, como una luna creciente. La respiración debe ser larga, profunda y relajada. Se sugiere que practiques esta meditación durante entre once y treinta y un minutos, aunque, como todas las meditaciones de este libro, incluso con un minuto notarás la diferencia.

Al final de la meditación, levanta las manos por encima de la cabeza y agítalas con rapidez durante varios minutos. Te sugiero que pongas la canción de Florence + The Machine *Shake It Out*. Puedes escuchar cualquier canción divertida y expulsar toda la energía tóxica.

Usa esta meditación cuando te sientas pillado en un impulso irracional o practícala a diario para mantener una vibración calmada y equilibrada. Utilízala como desees y disfruta de sus aliviadores resultados.

## Mensaje milagroso 52:

Puedo encontrar paz en cada respiración.

#MilagrosYa

# 53. VALÓRATE Y EL MUNDO TE VALORARÁ

Mi querida amiga Kate Northrup, autora de *Money, a Love Story*,[7] me ha enseñado muchas cosas sobre cómo valorarme a mí misma. Kate ha convertido en su misión enseñar a otros a valorar sus puntos fuertes, de modo que el mundo refleje su valía. Ella nos ofrece esta poderosa herramienta para incrementar la capacidad de valorarnos a nosotros mismos.

Este es el ejercicio tal como lo propone Kate:

> Ahora mismo, piensa en tres cosas concretas que valoras de ti. Decir «tengo salud» como algo que valoras de ti mismo es genial, pero no provoca la misma respuesta emocional que cuando eres de verdad específico. Por ejemplo, yo podría decir: «Tengo unas piernas largas y tonificadas que me llevan de un lugar a otro» como algo que valoro de mí misma. Sí, es algo relacionado con mi salud, pero es más específico y hace que me sienta inmediatamente más valiosa que si me limito a decir «tengo salud».

Convierte esto en un hábito. Comenzar o acabar el día escribiendo tres cosas concretas que valoras de ti mismo (distintas de las que anotaste el día anterior) produce un profundo cambio en tu manera de sentirte con respecto a ti mismo, y también

---

7. *Money, a Love Story*, Kate Northrup, Carlsbad, Hay House, 2014. *(N. del T.)*

en cómo te presentas ante el mundo. Las personas que se valoran atraen a otras personas que también las valoran. Y además se sienten llenas emocionalmente y son capaces de valorar más a otros.

¿Sientes la tentación de repetir algo del día anterior? ¡No lo hagas! Te prometo que hay una cantidad infinita de razones por las que eres asombroso y muy valioso, de modo que encontrar tres nuevas cada día no solo es posible, sino que también será divertido y fácil a medida que vayas instaurando el hábito.

Escucha la sugerencia de Kate y emprende esta práctica diaria de reconocer las razones para valorarte a ti mismo. Te quedarás asombrado de la respuesta del mundo a tu nueva actitud de autoamor y autorrespeto. Recuerda, el mundo externo solo es un reflejo de tu estado interno. Al empoderar tu vida interna recibes del mundo un amor poderoso.

### Mensaje milagroso 53:

«Las personas que se valoran a sí mismas
atraen a otras personas que también las valoran.»

KATE NORTHRUP

#MilagrosYa

# 54. SIEMPRE HAY UNA SOLUCIÓN ORIENTADA AL BIEN MAYOR

Intento con denuedo mantenerme fiel a la creencia de que siempre hay una solución orientada hacia el mayor bien. Es fácil confiar en este concepto cuando las cosas salen como esperamos. Pero, si el Universo nos lanza un desafío, también resulta fácil perder la fe cuando nos abruma la inquietud. Entonces solemos buscar personas o problemas a los que culpar.

He aprendido a aceptar que siempre hay una solución orientada hacia el bien mayor, aunque es posible que no coincida con lo que yo creo que está bien. Mi trabajo es ser fiel a los milagros y elegir el bien mayor a pesar de todo. He descubierto que, cuanto más me comprometo con este punto de vista, más fácil me resulta superar las situaciones incómodas. Por ejemplo, una de mis clientas de *coaching* tiene dificultades en su relación con su hermana. Los celos y la competencia alcanzan máximos históricos. Mi clienta ha pasado años a la defensiva y muy enfadada.

Aunque su ego seguía montado en el tren del temor, ella se comprometió a mantener la fe en que había una solución orientada al bien mayor, y se permitió ser guiada. El tiempo transcurría y su hermana seguía insistiendo, pero el temor de mi clienta fue disminuyendo. No cambiaron las circunstancias externas, pero sí las suyas internas. Se dio cuenta de que estaba más calmada y mucho menos reactiva con respecto a esa situación. Empezó a abrirse al perdón e incluso soñó con sentirse en paz con su hermana. Como mantuvo la puerta abierta a la solución espiritual, esta se presentó.

En el caso de mi clienta, la solución no consistió en tomar una dirección clara, sino en soltar el miedo y el resentimiento poco a poco. Es posible que tu situación sea diferente y que la solución consista en seguir una dirección claramente guiada que te conduzca a la paz. Pero la forma que tome la solución no es lo importante. No tienes que preocuparte por la solución que recibas; más bien, mantente abierto a recibir cualquier cosa orientada hacia el bien mayor. Cuando estés lidiando con una situación difícil, esta breve afirmación te ayudará a mantener la fe: «Siempre hay una solución orientada al bien mayor». Recítala en silencio o en voz alta al afrontar pruebas difíciles y mantendrás la puerta abierta a recibir. Solo necesitas estar abierto.

## Mensaje milagroso 54:

### Siempre hay una solución orientada al bien mayor.

#MilagrosYa

# 55. DALE UN GIRO A TU TENSIÓN

Una tarde estaba con mi amiga Jenny en mi oficina (que también es nuestra guarida para practicar yoga y zen). De repente, Jenny se puso a hacer el pino. Ella es una ávida yogui conocida por su amor a la práctica. Pero, aun así, me pilló un poco por sorpresa. Mientras hacía el pino, Jenny me explicó que esa postura le ayuda a cambiar de estado de ánimo. Cuando se siente estancada o bloqueada, practicar alguna postura inversa moviliza su energía y le ayuda mucho a transitar hacia estados de conciencia más elevados.

De modo que, en lugar de limitarme a observarla mientras revitalizaba su energía, decidí unirme a ella. Me puse a hacer el pino apoyada en una pared. Un minuto después sentí un brote de energía: parecía que toda mi energía hubiera dado un giro literalmente, y empecé a sentirme más viva.

Ahora practico las posturas invertidas a diario. Además del pino con apoyo, también hago la postura del arado. Es muy fácil hacer cualquiera de estas posturas cuando necesitas recargarte. La postura del arado es mucho más sencilla para los que son novatos en yoga. Puedes practicarla en el suelo del dormitorio, al aire libre sobre la hierba o sobre cualquier superficie blanda. (Si tienes algún problema de espalda, cuello u otra estructura, por favor sáltate este ejercicio).

## Postura del arado

Para ponerte en la postura del arado, túmbate de espaldas y lleva la columna y las piernas a la posición vertical, sosteniéndote el trasero con los brazos. Tus hombros y codos soportan el peso corporal (pon las piernas tan verticales como puedas y asegúrate de que todo el peso recaiga sobre los hombros y no sobre el cuello). Seguidamente, dobla las rodillas y deja caer los pies hacia el suelo. Espira y vuelve a estirar las piernas en el aire, de modo que tu peso se apoye en los hombros. Desde ahí, espira y dobla las articulaciones de las caderas para bajar poco a poco los dedos de los pies hacia el suelo situado detrás de la cabeza. Mantén el torso perpendicular al suelo y las piernas extendidas por completo. Deja caer lentamente los dedos de los pies sobre el suelo, levantando los muslos y la rabadilla hacia el techo. Separa la barbilla del esternón y relaja la garganta.

Para potenciar la postura, puedes presionar con las manos sobre la parte posterior del torso, llevando la espalda hacia el techo. Usa las manos como apoyo o aléjalas de la espalda y estíralas sobre el suelo.

Para salir de la postura, vuelve a ponerte las manos sobre la espalda, eleva las piernas en vertical de modo que el peso vuelva a recaer sobre los hombros y espira bajando hacia el suelo.

Practica una inversión durante un minuto o más y obtendrás grandes beneficios. Esta simple práctica puede darle la vuelta al mal humor, al estrés o a la mente brumosa, y recargarte de energía. Las inversiones incrementan el flujo de sangre y mejoran la concentración, la memoria y la atención.

También mejoran la digestión y la eliminación: muchos yoguis sugieren que se practique la inversión para superar el estreñimiento. Otro beneficio para la salud es que favorece el drenaje linfático y purifica la sangre. El sistema linfático elimina las toxinas de los tejidos y potencia el sistema inmunitario en general. La razón por la que te sientes tan rejuvenecido después de la inversión es que esta postura es desintoxicante.

Y lo más importante: las inversiones elevan el espíritu y alivian la depresión. Cuando activas la circulación y envías más oxígeno al cerebro, liberas neurotransmisores y endorfinas, al tiempo que equilibras las hormonas.

Da la vuelta a tus bloqueos con una inversión de un minuto (o más) cada día.

## Mensaje milagroso 55:

### Una inversión al día mantiene el estrés controlado.

#MilagrosYa

# 56. DA MÁS DE AQUELLO QUE QUIERES RECIBIR

A menudo lo que más queremos es algo que no estamos dando. Tal vez busques más amor, pero deambulas por ahí sintiéndote indigno de ser amado. O es posible que desees recibir más dinero, pero tienes demasiado miedo de dar a la caridad o de compartir con amigos necesitados. Cuando retienes algo, cortas un importante intercambio de energía. Lo cierto es que, al nivel de la energía, recibirás lo que des. Cuando pones la atención en lo que das, la energía que emites es amorosa y alegre. Esa energía alegre que irradias atrae más energía hacia ti.

Dar más de aquello que quieres no implica dar solo cosas tangibles. El simple hecho de irradiar cierta energía atrae más energía a tu vida. Por ejemplo, si te sientes abundante (independientemente de tu situación económica), atraes más abundancia. O si sientes amor romántico (aunque estés soltero), atraes más amor romántico a tu vida.

Examina de cerca lo que anhelas recibir y pregúntate: «¿Es esto algo que no estoy dando?». ¿Deseas tener pareja pero vas por ahí sintiéndote triste y solo? ¿Quieres un nuevo trabajo pero le cuentas a todo el mundo que no te lo mereces? Haz inventario con honestidad: llegarás a ver que tu energía y tus acciones te son reflejadas de vuelta. Sé intrépido pero delicado contigo mismo.

Cuando tengas claro lo que has retenido, será el momento de darlo. Ofrece el amor que has negado, perdona a la persona que te produce resentimiento, presta atención a la salud que has ignorado. Da lo que quieras recibir y siente cómo se eleva tu energía. Dar más positividad en cualquier área de tu vida te abrirá de par en par las puertas de la felicidad y de recibir.

*Un curso de milagros* enseña: «Los milagros son recursos de enseñanza para demostrar que dar es tan bienaventurado como recibir. Aumentan la fortaleza del que da y simultáneamente le dan fortaleza al que recibe». Da sabiendo que la paz te será otorgada cuando la extiendas a otros.

## Mensaje milagroso 56:

### Da más de aquello que quieres recibir.

#MilagrosYa

# 57. ENTRÉGALO TODO

La mayoría de mis locas obsesiones tienen que ver con pequeñas cosas, como si debería cambiar la hora de un vuelo o de una cita. ¡Puedo volverme loca dando vueltas a estas cuestiones! Pero, cuando surge algo importante en mi vida, como una oportunidad laboral o un asunto familiar, nunca dejo de ponerme de rodillas y entregarlo. Me resulta más fácil tener fe cuando se trata de cosas grandes que de cosas pequeñas.

Una de las principales razones por las que esto es así es que nuestra mente lógica a menudo piensa que puede controlar las pequeñas cosas. La sensación de actuar y asumir responsabilidad nos reconforta, pero esa comodidad a menudo se torna frustración cuando nos damos cuenta de que no tenemos el control que ansiamos. Ahora sé que no puedo aferrarme a nada, sobre todo a las pequeñas cosas. Entregarlo todo es crucial para mi felicidad.

Es posible que pienses: «Bueno, eso suena genial. Pero ¿cómo puedo entregarlo *todo*?».

No empieces a sudar: ¡esa es la reacción esperable! El ego quiere aferrarse a todo, de modo que probablemente la idea de «dejar ir» te dará miedo. Pero el propósito de este principio solo es estar *dispuesto* a entregarlo todo.

Lo que sigue es un ejemplo de lo que me ocurre cuando trato de controlar mi vida y después, por fin, me rindo. A menudo me obsesiona controlar mi calendario de viajes. Me altera tener que tomar decisiones y cambiar de vuelos. Mi ego se vuelve loco fabricando razones por las que tendría que preocuparme, y esto hace que mis niveles de estrés y mis hormonas alcancen cotas altísimas. Puedo pasar todo un día atemorizada por una decisión que podría tomar con facilidad en un estado más sereno. Después de estresarme y obsesionarme durante horas, caigo de rodillas y rezo. En cuanto me pongo a rezar, siento una sensación de alivio. Y aunque sea pasajera, es suficiente. Una simple oración abre la puerta a recibir nueva información y guía. A los pocos minutos me llega la intuición de llamar a una amiga que puede prestarme apoyo, y otras veces algún amigo me llama incluso antes de que yo coja el teléfono. *Un curso de milagros* dice: «El secreto de la verdadera oración es olvidarte de las cosas que crees que necesitas». Cuando entregamos por completo nuestros planes, permitimos que el Universo nos guíe. Una intención positiva y una oración de entrega pueden reorganizar cualquier situación hacia un resultado orientado hacia el bien más alto.

Aunque al final me acuerdo de rezar, a menudo paso horas o a veces días de ansiedad. La mayor parte de nosotros llegamos a un punto de rendición y entrega en algún momento. Pero ¿por qué esperar horas, días o semanas? Podemos rendirnos *en todo momento* con una simple oración. Cuando nos tomamos un momento para rendir nuestra voluntad personal, invitamos a una presencia mayor que nosotros a tomar el mando. Yogi Bhajan dijo: «Cuando juntamos las manos para orar, Dios abre sus brazos y nos da un abrazo».

Este mensaje lo dice todo. Cuando tengas dudas, junta las manos y reza. Aunque la oración parezca muy pasiva, es muy activa. Al rezar, establecemos conscientemente la intención de ver las cosas de manera diferente. Ese es el milagro. El compromiso consciente de soltar el control cambia nuestra energía y nos lleva a un estado de paz en el que podemos recibir nueva información, y así es como somos guiados. Solo podemos experimentar esta guía si la pedimos.

A lo largo de todo este libro se hace hincapié en la práctica de la oración. A muchas personas nuevas en el camino espiritual ponerse a orar les puede parecer extraño. Para practicar la oración no necesitas ponerte de rodillas y recitar un texto religioso. Lo único que tienes que hacer es «soltar lo que crees que necesitas» y rendirte, entregarte. Reza cuando te sientas indeciso, muy obsesionado o pillado en una espiral de temor. Procura no rezar para pedir resultados específicos: más bien reza por la paz. En realidad lo único que necesitamos es acceder a un estado mental de paz.

## Mensaje milagroso 57:

### Lo entrego todo.

#MilagrosYa

# 58. APLICA EL *TAPPING*
# AL DOLOR

Vamos a volver al *tapping*, y esta vez trataremos el dolor. El dolor físico nos afecta a todos de distintas maneras. Tanto si se trata del dolor de cuello habitual por pasar largas horas ante el ordenador como de los calambres del síndrome premenstrual o del dolor crónico de una lesión, el *tapping* puede ayudarte a liberarlo.

A veces nuestra obsesión con el dolor físico surge de una emoción. Las emociones producen cambios en el delicado equilibrio de las hormonas y los neurotransmisores corporales. Las emociones positivas fomentan la salud, mientras que las negativas estimulan las hormonas del estrés, como el cortisol y la adrenalina. Las emociones negativas también contribuyen de manera importante a mantener el dolor. Por lo tanto, tratar el dolor con *tapping* te permite soltar tu apego emocional a él y también aliviar la incomodidad física. ¡Si esto suena poderoso es porque lo es!

Empecemos el proceso identificando tu problema más acuciante (PMA) con relación al dolor. Tal vez tu PMA sea algo como «me cuesta pasar el día con este dolor de espalda». O quizá «este dolor de cabeza está distrayéndome de vivir la vida». Cuando identifiques tu PMA, puntúalo del uno a diez (asigna el diez al problema más difícil). Una vez que lo hayas puntuado, puedes empezar a aplicar el *tapping*. Sigue mi guion y repite cada frase en voz alta mientras das golpecitos en los diferentes puntos que vaya nombrando. Sigue estas directrices y espera milagros.

Empieza con golpecitos en el punto del golpe de karate, tal como se muestra en la página 68. Golpea con ligereza en cada punto unas siete veces. Entre tanto, repite la frase siguiente o tu PMA tres veces: «Aunque es una lucha vivir con este dolor, me amo y me acepto por completo». O sigue las directrices que aparecen en el vídeo de Gabbyb.tv/Miracles-Now.

**Golpe de karate:** «Aunque es una lucha vivir con este dolor, me amo y me acepto por completo».

**Golpe de karate:** «Aunque es una lucha vivir con este dolor, me amo y me acepto por completo».

**Golpe de karate:** «Aunque es una lucha vivir con este dolor, me amo y me acepto por completo».

Empieza en el punto de la ceja y aplica el *tapping* a los puntos de la cara en sentido descendente hasta el punto situado debajo del brazo, y después asciende a lo alto de la cabeza. Vuelve a empezar en el punto de la ceja. Repite cada una de estas afirmaciones mientras practicas el *tapping* en cada punto.

**Ceja:** «Todo este dolor».
**Al lado del ojo:** «¡Ya no puedo vivir con él!».
**Debajo del ojo:** «Todo este dolor en mi cuerpo».
**Debajo de la nariz:** «Me siento tan incómodo».
**Barbilla:** «No me gusta».
**Clavícula:** «No puedo seguir con mi vida».
**Debajo del brazo:** «No soporto este dolor».

**Parte alta de la cabeza:** «Este dolor está alterando mi vida».

**Ceja:** «Me impide sentirme en paz».

**Al lado del ojo:** «Me impide vivir mi vida».

**Debajo del ojo:** «Tal vez este dolor trate de enseñarme algo».

**Debajo de la nariz:** «Me gustaría estar abierto a esa información».

**Barbilla:** «Estoy dispuesto a aprender de este dolor».

**Clavícula:** «Tal vez haya algo de lo que tenga que ocuparme».

**Debajo del brazo:** «Quizá haya un sentimiento que no estoy expresando».

**Parte alta de la cabeza:** «Otro dolor que estoy evitando».

**Ceja:** «O tal vez me esté distrayendo de ese otro dolor más grande».

**Al lado del ojo:** «¿Qué pasaría si simplemente pudiera sentir el dolor y soltarlo?».

**Debajo del ojo:** «Estoy abierto a sentir las emociones que me bloquean».

**Debajo de la nariz:** «¿Y si pudiera relajarme ahora?».

**Barbilla:** «Parte de este dolor puede venir del estrés o de la tensión».

**Clavícula:** «¿Y si estuviera dispuesto a soltarlo todo?».

**Debajo del brazo:** «Doy permiso a mi cuerpo y a mi mente para soltar este dolor».

**Parte alta de la cabeza:** «Suelto».

**Ceja:** «Me permito relajarme».

**Al lado del ojo:** «Suelto mi apego a este dolor».

**Debajo del ojo:** «Estoy dispuesto a soltarlo ahora».

**Debajo de la nariz:** «Quiero ser libre y sentirme feliz».

**Barbilla:** «Elijo sentirme bien».

**Parte alta de la cabeza:** «Todo está bien».

Toma una respiración profunda.

Ahora comprueba cómo clasificas tu PMA en la escala de uno a diez. Es probable que la puntuación haya bajado radicalmente, o quizá solo algunos puntos. Si tu PMA sigue cerca de diez, siéntete libre de seguir con el *tapping*.

Soltar el apego al dolor físico te ayudará mucho a generar flujo en tu vida y a avanzar con gracia. Acepta toda la guía que pueda llegarte a través del proceso del *tapping*. Tal vez llegues a darte cuenta de que el dolor físico solo es una manifestación de un dolor emocional profundamente arraigado que tiene que salir a la superficie para curarse. Mantente abierto a la guía que recibas y confía en el proceso del *tapping*.

## Mensaje milagroso 58:

### Debajo de mi dolor físico hay una petición emocional de amor.

#MilagrosYa

# 59. HONRA TUS COMPROMISOS

Durante la mayor parte de mi adolescencia fui muy egoísta y solo me importaban mis prioridades y mi calendario. Raras veces honraba mis compromisos. No podía plegarme a un plan ni presentarme donde había acordado. Debido a este comportamiento, arruiné muchas relaciones y no tenía conexiones profundas porque era poco fiable. Al dejar el alcohol elegí enmendarme y honrar todos mis futuros compromisos de la mejor forma posible. Hoy día, muchos años después de mi recuperación, aún tengo este comportamiento en alta estima y me encanta la sensación de presentarme cuando he dicho que lo haré.

Cualquiera que no cumpla con sus compromisos tiene una sensación inconsciente de culpa. Te des cuenta de ello o no, no te gustas mucho a ti mismo cuando faltas a lo acordado con otros. Esta culpabilidad puede impedirte ahondar en tus relaciones, generar nuevas oportunidades y potenciar tu vida. Y la solución no puede ser más fácil: lo único que tienes que hacer es presentarte donde y cuando hayas acordado hacerlo. Entiendo que a veces hay razones legítimas para cambiar de plan. Pero, cuando no aparecer se convierte en la norma, ha llegado el momento de cambiar. Este ejercicio te ayudará a ver con claridad cómo te has deshonrado a ti mismo y a otros por tu falta de compromiso.

Reconoce con honestidad en qué medida cumples con lo pactado. Haz una lista de las formas en las que dejas a otros plantados, cambias de planes o reorganizas tu vida para que las situaciones te encajen. A continuación escribe una lista de cómo afecta tu comportamiento a otras personas. Por último anota cómo te sientes cuando haces eso.

Tómate un momento para examinar tu comportamiento de cerca y explóralo un poco más. Permítete mirar más allá de la conducta para ver lo que hay por debajo de ella. Por ejemplo, algunas personas no honran sus compromisos o llegan tarde por su gran necesidad de mantener el control. En otros casos no valoran su propio compromiso consigo mismas, y eso se refleja en cómo tratan a los demás.

Al reconocer tu conducta, de dónde viene y por qué ocurre, puedes dar el paso siguiente. Prueba algo nuevo. Haz un plan que sepas que podrás cumplir. Considéralo un ejercicio para crear un nuevo hábito. A veces la mejor manera de deshacer un viejo hábito es entender de dónde viene y elegir conscientemente hacer las cosas de otra manera.

## Mensaje milagroso 59:

Honra tus compromisos. Preséntate para ti mismo y para el mundo.

#MilagrosYa

# 60. CELEBRA TUS PEQUEÑOS ÉXITOS

Muchas personas (yo incluida) dedicamos mucho tiempo a centrarnos en lo que hacemos mal. Nos demos cuenta o no, pasamos horas criticándonos. Estos pensamientos pueden ir desde «¿por qué has vuelto a hacer eso?» hasta «no eres lo suficientemente bueno» o «¿quién eres tú para creerte genial?». Tal vez tengas una ligera sensación de inseguridad, pero no puedes detectar con precisión de dónde viene ni cómo te afecta. O quizá te sientas molesto sin saber por qué.

Parece que nos hemos acostumbrado a enfocarnos en lo negativo, a buscar faltas en todas las situaciones. Me di cuenta de este hábito mientras trabajaba con una clienta de *coaching*. En cada sesión, ella se regañaba por todas las cosas que percibía que había hecho mal. Hacía una lista de todos sus errores y se denigraba a sí misma sin pensárselo dos veces. En una sesión le sugerí que empezara a hablar de lo que hacía bien. Confusa, respondió:

—Pero ¿por qué?

—Dedicas mucho tiempo a centrarte en lo que haces mal —le dije—. ¿Qué pasaría si te enfocaras en lo que haces bien?

Tomó una respiración profunda y acumuló coraje para empezar a hacer una lista de sus logros.

A los pocos minutos de centrarse en las cosas buenas, noté un cambio en su tono de voz y en su energía. Al retirar su atención de lo que hacía mal y reorientarla hacia lo que hacía bien, cambió de actitud por completo.

Aunque este ejercicio parece simple, esta no es una elección evidente. El ego nos ha convencido de que lo seguro es enfocarse en lo negativo, y de que tenemos que quedarnos en ese espacio para ser productivos, avanzar o solo para ir tirando. En realidad es al contrario. En cuanto empezamos a celebrar nuestra existencia y nos enfocamos en nuestros éxitos, empezamos a vivir. ¡Es el momento de celebrar! Saca tu cuaderno y haz una lista de todas las cosas en las que brillas. No seas tímido. Ni siquiera humilde. ¡Presume! Lleva esa lista contigo durante todo el día y remítete a ella cuando tengas dudas. A medida que notes cosas estupendas en ti a lo largo del día, añádelas. Ve expandiendo la lista y disfruta del proceso.

Deja que esta práctica se vuelva involuntaria, de modo que ya no necesites anotar en la lista, sino que empieces a tomar notas mentales de lo genial que eres. El fin de este ejercicio es instaurar el nuevo hábito de celebrarte a TI. No solo es genial enfocarse en las cosas buenas, también ayuda de manera lenta pero segura a desconectar del apego a las cosas malas. Deja que empiece TU fiesta.

## Mensaje milagroso 60:

En cuanto empezamos a celebrar nuestra
propia existencia y nos enfocamos en nuestros
éxitos, comenzamos a vivir.

#MilagrosYa

# 61. PARA CONSERVAR LA PAZ, HAZLA REAL

A mi amiga Raquel le cuesta mucho decepcionar a los demás. Evita los conflictos a toda costa, y es capaz de grandes esfuerzos por acomodarse a otros. En la mayoría de los casos no dice la verdad con respecto a lo que necesita, quiere y siente para que nadie se moleste. Este comportamiento la hace sentir agotada, decepcionada e inconscientemente resentida consigo misma y con los demás. Y lo peor de todo es que, cuando no dice la verdad, se siente como una víctima, pero no puede ver cómo ha generado esta dinámica.

Yo misma he estado en esta situación muchas veces. Cuando no expreso mi verdad y no pido lo que quiero en un esfuerzo por evitar el conflicto, después me siento resentida. ¿Te comportas alguna vez como Raquel? Cuando tienes que afrontar un conflicto, ¿haces todo lo que está en tu mano para apaciguar las cosas, aun a costa de tu propia felicidad? Si es así, es importante entender este hábito y emplear este ejercicio para cambiar de comportamiento. Agradar a los demás para evitar el conflicto no te ayuda ni ayuda a la otra parte. Aprende a decir tu verdad y responsabilízate de tus necesidades. De vez en cuando se producirá algún conflicto. Cuando ocurra, esta es la manera de gestionarlo con gracia.

**Primer paso:** Ve tu parte en el problema. Es probable que, si evitas el conflicto, al alejarte de esa situación te sientas como una víctima. Probablemente no te des cuenta de que es tu evitación la que genera esa sensación. Es esencial que examines con honestidad cómo evitas el conflicto y que te responsabilices del resultado. Así evitas el resentimiento hacia la otra persona y cuidas tu lado de la calle.

**Segundo paso:** Expresa tu verdad. Una vez que veas con plena claridad cómo evitas el conflicto, es hora de cambiar de hábito. Empieza a expresar tu verdad. Por extraño que te resulte, esfuérzate al máximo por ser claro y honesto con respecto a tus deseos y necesidades. Puedes ser consciente de los sentimientos de la otra persona sin negar los tuyos. Hay un delicado equilibrio entre ser del todo sincero y profundamente bondadoso. Cuando se dice la verdad con bondad, es bien recibida.

Cuando mi amiga Raquel empezó a aplicar estas herramientas en sus relaciones, se dio cuenta de que su verdad bondadosa era bien recibida. La gente apreciaba su honestidad y, como la expresaba en un tono amable, recibía respuestas amables.

Tu verdad es tu opción más bondadosa.

### Mensaje milagroso 61:

Si quieres conservar la paz, hazla real.

#MilagrosYa

# 62. TÓMATE UN DESCANSO DE UN MINUTO PARA EXPRESAR GRATITUD

Cuando estamos muy ocupados o abrumados, resulta fácil perder de vista lo importante. Si llevamos una vida acelerada, tendemos a centrarnos en la carencia: en lo que no tenemos, en lo que no funciona, y así sucesivamente. Con el tiempo, enfocarnos en lo negativo puede estresarnos. Cuando me siento así, llamo a mi amiga Terri Cole, que es psicoterapeuta licenciada y *coach* de estrellas del rock. Terri siempre sabe calmar mi locura.

Una herramienta genial de las que Terri sugiere es tomarse un descanso de un minuto para dar gracias. Dice:

> Si te sientes estresado, ansioso o temeroso, pon imágenes de paisajes preciosos, de seres queridos o cualquier imagen que te inspire en el teléfono o en la pantalla del ordenador. Tómate sesenta segundos completos para mirar las fotografías y para generar un sentimiento de gratitud y alegría en el centro de tu pecho. Céntrate en inspirar lentamente mientras cuentas hasta cinco y espira también poco a poco contando hasta cinco. Vuelve al momento presente y siente gratitud por todo lo que va bien en tu vida ahora mismo.

Me encanta este ejercicio ¡y siempre funciona! Cuando nos centramos en los pensamientos negativos, reducimos nuestro nivel de energía y bloqueamos nuestra capacidad de ser felices, de estar sanos y vitales. Pero, si nos enfocamos en las cosas buenas, incrementamos nuestra energía en todas las áreas de la vida. Cuando reorientamos la atención hacia algo alegre y aliviador, nos centramos más en lo que tenemos que en lo que creemos no tener. Nos energizamos fácilmente al dirigir la atención hacia las cosas que nos hacen sentir bien.

Podemos emplear esta herramienta en cualquier momento y lugar. Lleva en la cartera una imagen que te ayude a sentir alegría. Y cuando te pilles entrando en un estado de locura, abre la cartera y mira esa imagen inspiradora. Tómate un minuto para captar la plenitud del sentimiento que te invade al contemplarla. Cuanto más practiques este principio, más fortalecido te sentirás. La capacidad de cambiar lo que pensamos es una de las grandes herramientas para alcanzar la paz.

### Mensaje milagroso 62:

Nuestra capacidad de cambiar lo que pensamos es una de las grandes herramientas para alcanzar la paz.

#MilagrosYa

# 63. A VECES «NO» ES LA RESPUESTA MÁS AMOROSA

Durante mucho años siempre dije SÍ a todo. Para decir que sí a todo el mundo, a veces me forzaba hasta el punto de sentirme agotada. Esta actitud producía muchos torbellinos en mis relaciones, en mi trabajo y en mis amistades.

Al mirar atrás, compruebo que este comportamiento surgía de un deseo muy arraigado de ser apreciada y obtener aprobación. En el fondo pensaba que diciendo sí iba a ganar amigos y parecer más genial y despreocupada.

Conforme pasaba el tiempo, llegué a darme cuenta de que «sí» no siempre es la respuesta más amorosa. Aprendí que negarme a hacer lo que no quiero o a las cosas con las que no puedo comprometerme siempre acaba siendo la mejor decisión. Con el tiempo, «no» se convirtió en una palabra importante de mi vocabulario. Y a medida que decía que no con más frecuencia, tenía más tiempo para centrarme en mí y cumplir los compromisos asumidos. La palabra «no» me salvó de muchos colapsos.

¿Estás acostumbrado a decir siempre que sí? Entonces es probable que te sientas abrumado por todo lo que has acordado hacer. Una de las mejores maneras de ser productivo, de sentirte satisfecho y menos estresado es dejar de aceptarlo todo y elegir mejor tus compromisos.

Algunos se sienten incómodos al decir que no. Si es tu caso, repite esta afirmación a lo largo del día: «Puedo sentirme seguro diciendo que no. Cuando me niego a algo, cuido de mí mismo y de los demás». Esta afirmación puede sacarte de la tendencia subyacente a decir que sí aunque sepas que es una equivocación.

A medida que conviertas el «no» en un término más frecuente en tu vocabulario, sentirás que se instaura en ti una sensación de paz. Aunque inicialmente pueda parecer extraño, aprenderás a amar la libertad de la que disfrutas cuando proteges tu tiempo y energía. Y lo que es más importante: te sentirás mejor contigo mismo porque cumplirás tus compromisos.

### Mensaje milagroso 63:

A veces «no» es la respuesta más amorosa.

#MilagrosYa

# 64. LA QUIETUD ES LA CLAVE DEL ÉXITO

A los veinticinco años aprendí la bendición de sentir quietud. En mi caso tuve que tocar fondo a nivel físico, emocional y espiritual para tomarme las cosas con más tranquilidad. Creo que no importa cómo llegué allí, lo único que cuenta es que por fin me serené. A través de la meditación, la oración y mi compromiso con la conciencia interna, me di cuenta de que mis mayores logros vendrían de la quietud. Entonces empecé a vivir de verdad.

Cuando aquietamos la mente y el cuerpo, conectamos verdaderamente con nuestro espíritu. Y una vez que establecemos la conexión espiritual, el trabajo consiste en seguir la guía que recibimos. Ralentizarse y escuchar es clave para vivir una vida guiada. En la quietud oímos, y después hemos de seguir la buena dirección procedente de Dios tal como la entendamos.

En una ocasión oí al gran empresario y yogui Russell Simmons decir: «Solía pensar que la ansiedad y el insomnio me llevarían al éxito, pero es la quietud la que me permite ser bueno en cualquier cosa. Cuando extiendes los segundos de quietud, eres capaz de pensar y aprender». Russell dio en el blanco. Vivir una vida guiada consiste en extender los segundos de quietud. A medida que sumamos momentos de serenidad, sentimos que la vida comienza a fluir. Lo que necesitamos nos llega de forma directa, las lecciones de la vida ya no son tan difíciles y somos más conscientes de nuestro propósito y de la conexión con el mundo. En la quietud está la clave.

Hasta ahora el libro te ha ofrecido muchas herramientas para alcanzar la quietud y la paz. Es momento de que te consultes a ti mismo. Pregúntate: «¿Aplico estas herramientas?». Si la respuesta es sí, toma nota de la quietud y del flujo que han aportado a tu vida. Si la respuesta es no, pregúntate a qué te puedes estar resistiendo. Hemos recorrido más de la mitad de este proceso y es hora de hacer una revisión. Evalúa tu práctica con honestidad, sin olvidar que nunca es tarde para renovar el compromiso.

Deja que este principio sea el ejercicio que te permita cambiar de enfoque, pasar del «ahí fuera» al «aquí dentro». Cuando vuelvas a darte cuenta de que estás en la rueda de hámster de la ansiedad, el estrés y el control, di: «La quietud es la clave de mi éxito».

## Mensaje milagroso 64:

La quietud es la clave del éxito.

#MilagrosYa

# 65. MEDITA PARA NO PERDER LOS ESTRIBOS

¿Eres el tipo de persona que necesita tener una crisis profunda para llegar a una nueva claridad? Durante muchos años este fue mi caso. Antes de conocer las meditaciones *kundalini* y de alcanzar una mayor conexión con mi energía, podía descontrolarme a lo grande. Aunque disponía de muchas herramientas para gestionar mis pensamientos, me faltaba una información clara sobre cómo superar los momentos más duros y evitar desvariar.

Una de las mejores maneras de no descontrolarse es cambiar la propia energía mediante la respiración. La dominancia cambia de una fosa nasal a la otra en cada ciclo de entre noventa y ciento veinte respiraciones. Una forma poderosa de cambiar nuestro estado mental es cambiar la fosa nasal dominante usando esta meditación *kundalini*. En este ejercicio empiezas tomando conciencia de qué fosa nasal es la dominante cuando te descontrolas, y entonces cambias a la otra. Cuando cambias la dominancia de una fosa a la otra, pasas la dominancia de un hemisferio cerebral al otro, lo que te permite ver las cosas desde otra perspectiva.

Si estás irritado, enfadado o atemorizado, practica esta meditación. En unos minutos serás otra persona.

## Meditación para evitar perder los estribos

**Posición:** Siéntate cómodamente en la postura fácil con la columna erguida.

**Manos:** Entrelaza los dedos con el pulgar derecho encima. Ponte las manos en el centro del diafragma, tocándote el cuerpo ligeramente (como se ve en esta imagen).

**Ojos:** Cierra los ojos con delicadeza.

**Respiración:** Concéntrate en la respiración; lleva la atención a la punta de la nariz. Nota qué fosa nasal es la dominante ahora. Tal vez necesites unos momentos para determinarlo. Cuando lo tengas claro, centra la atención en cambiar de lado. Mantén los hombros bajos y relajados. Puedes sentir presión en las manos, pero no en los hombros.

Continúa cambiando la fosa nasal dominante en un sentido y en otro todo el tiempo que desees.

Practica esta meditación cuando quieras evitar perder los estribos. Es genial para enseñársela a los niños. Se trata de una práctica fácil y de una poderosa herramienta que puedes conservar en el futuro.

## Mensaje milagroso 65:

En medio de un colapso, respira para superar la incomodidad y saldrás por el otro lado.

#MilagrosYa

# 66. «COMPRENDE POR MEDIO DE LA COMPASIÓN O MALINTERPRETARÁS ESTOS TIEMPOS»

Uno de los cinco *sutras* de Yogi Bhajan para la Era de Acuario es: «Comprende por medio de la compasión o malinterpretarás estos tiempos». Es fácil sentir compasión cuando vemos a alguien sufrir. Pero ¿qué tal sentir compasión por los que nos hacen daño?

Es una tarea dura. No es fácil sentir compasión por alguien que te ha tratado mal, ha abusado de ti o te ha atacado. En algunos casos parece imposible. A menudo, cuando somos maltratados, la compasión es lo último que se nos pasa por la cabeza. Pero, en nombre de la felicidad y de la cordura del mundo, todos debemos aprender a echar mano de la compasión en estos tiempos caóticos.

Me resulta muy fácil sentir compasión por la gente que lo pasa mal. Mi corazón se abre de par en par para cualquiera que esté necesitado. Pero, en el momento en que alguien me daña, me resulta muy difícil invocar mi músculo compasivo para despejar la negatividad y recuperar la paz. En esas situaciones quiero devolver el ataque para «protegerme» de sentirme herida. Pero, cuando siento el impulso de vengarme del modo que sea, rezo para pedir compasión y recurro a esta oración de *Un curso de milagros:* «Puedo reemplazar mis sentimientos de depresión, ansiedad o preocupación por paz». Este delicado recordatorio abre la puerta para que la compasión se asiente. Recuerda: la compasión no es algo que nosotros creamos, sino algo que experimentamos.

Cuando abrimos el corazón y renunciamos a los resentimientos, puede surgir la verdadera compasión.

Sentí que Yogi Bhajan nos guiaba a emplear la compasión como nuestro mayor recurso en estos tiempos atemorizantes. Su esperanza era que pudiéramos vernos en la otra persona y que dejáramos que la compasión guiara nuestras acciones y relaciones. Cuantas más personas se muevan con compasión, menos sitio habrá para la guerra, el odio o el ataque. Habrá paz.

## Mensaje milagroso 66:

«Comprende por medio de la compasión o malinterpretarás estos tiempos.»

YOGI BHAJAN

#MilagrosYa

# 67. «PROMUEVE LO QUE AMAS EN LUGAR DE ATACAR LO QUE ODIAS»

Una tarde revisaba mi cuenta de Twitter y leí un *post* asombroso subido por mi amigo Jordan Bach, un bloguero muy conocido y líder gay: «Promueve lo que amas en lugar de atacar lo que odias». Lo reenvié en el acto. Jordan, como muchos otros, ha sido víctima de ataques y de intentos de ridiculizarle en Internet. Ha dedicado su vida y su profesión a extender mensajes fortalecedores para la comunidad gay. Y aunque en su blog manifiesta intenciones amorosas, siguen ridiculizándole. Esto es muy doloroso y molesto, pero no me ha impedido extender su mensaje.

Creo que la mejor manera de combatir el ataque y la negatividad es extender más amor. En lugar de sentirte víctima del ridículo, elige ser un faro de luz. Gandhi se describió como «un soldado espiritual, un soldado de la paz». ¿Por qué no podemos acceder a nuestro propio Gandhi interno cuando afrontamos un conflicto? Hoy hay tanta negatividad en el mundo que, para equilibrar la energía, debemos conectar con nuestro Gandhi interno y elegir ser soldados de la paz.

Responsabilízate del impacto de tu energía e intenciones en el mundo. Si acostumbras a juzgar con rapidez, a dejar comentarios desagradables en Internet o a denigrar intencionalmente a otros, es el momento de reexaminar tu contribución al mundo. Tienes el poder de elevarte y de elevar a los demás si así lo eliges. Elige con sabiduría.

Dejemos que el mensaje de Jordan sea nuestro himno. Imagina lo que ocurriría si todo el mundo se dedicara a promover lo que ama en lugar de atacar lo que odia. El mundo sería un lugar feliz.

Establece este compromiso en tu propia vida. Y si quieres dar un paso más, comparte el mensaje milagroso con tu comunidad en los medios y comprométete con una nueva forma de ser.

## Mensaje milagroso 67:

«Promueve lo que amas en lugar de atacar lo que odias.»

JORDAN BACH

#MilagrosYa

# 68. GESTIONA A LOS RESISTENTES

Hace dos años a mi amiga Marie le diagnosticaron un cáncer de pecho del nivel 4 con metástasis. Desde que obtuvo el diagnóstico, eligió integrar tratamientos convencionales y holísticos en el cuidado de su salud. Muchas personas de su vida no apoyaron su elección, y eso le dio miedo. Aunque siente que está en el buen camino, Marie no puede dejar de sentirse afectada por los resistentes de su vida.

Todos tenemos algún resistente, y lidiar con ellos puede ser duro, tanto si se trata de un familiar que intenta persuadirte de que no te dediques a lo que te gusta como de un amigo que cuestiona tus creencias. A menudo veo que las personas se resisten a la resistencia, y eso solo empeora las cosas.

Lo más importante para ti en este momento es creer en lo que haces. Tu fe presta mucho apoyo a tus intenciones. A medida que vayas conformando tu idea, tu sueño o tu objetivo, es crucial que potencies tu fe. Y a medida que se fortalezca, notarás cada vez menos resistencia en los demás. Existen algunas formas clave de proteger tu energía y de preservar tu compromiso con lo que crees. A continuación te daré tres consejos que te serán muy útiles cuando otros se resistan a tu camino.

1. Es conveniente que te desvincules de las conversaciones con los resistentes. Cuando sea posible, no les menciones tus intenciones. Si la gente te pregunta por tus planes, no entres en detalles. Protege tu energía y tu fe a toda costa.

2. Hay poder en el silencio. Cuando estés incubando tus sueños, procura reservarlos para ti mientras los elaboras, afinas los detalles y les infundes vida.

3. Comparte únicamente cuando tengas plena fe. Si sientes temores en torno a tus proyectos, asegúrate de eliminarlos antes de compartir. Otras personas te reflejarán tus propias resistencias internas. Puedes compartir tu decisión en cuanto te sientas comprometido energéticamente con ella. Cuando creas del todo en lo que estás haciendo, otros te reflejarán esa fe de vuelta.

## Mensaje milagroso 68:

### Honra tus sueños y serán honrados.

#MilagrosYa

# 69. TENLO TODO

Tuve el privilegio de asistir a un congreso de mujeres organizado por Arianna Huffington en el que me vi rodeada por algunas de las mujeres más exitosas del país. En cada panel de debate había directoras generales, famosas presentadoras de noticias, directoras de cine, reporteras y más, y todas ellas también eran madres. Cada una habló abiertamente de lo difícil que es equilibrar el éxito profesional con la vida hogareña. Todas se las arreglaban para mantener su vida unificada, pero, como cualquier persona muy ocupada, estaban estresadas.

Se habló con honestidad del estrés, y cada panelista compartió abundante información y consejos para empoderarse. Una de las ideas que salió una y otra vez durante el congreso fue que de verdad es posible «tenerlo todo» aunque no todo al mismo tiempo. Esto resonó profundamente en mí. Siempre me había preguntado cómo puede una persona «gestionarlo todo». ¡Aquí estaba la respuesta! Este mensaje me dio esperanza. Me ayudó a darme cuenta de que, en distintos periodos de mi vida, puedo enfocarme en lo que es importante en ese momento, en lugar de intentar ser todo a la vez.

Si te sientes abrumado por la idea de «tenerlo todo» este principio es para ti. Es posible que al principio algunos no resonéis con este concepto. De hecho, recibió algunas críticas cuando lo colgué por primera vez en mi página de Facebook. Algunas personas dijeron que creían que el Universo es abundante y que se merecían tenerlo todo AHORA. Aunque estoy de acuerdo en que el Universo es abundante y conspira para servirnos en todo momento, hay mucho que decir con respecto a los tiempos. Creo que el Universo siempre trabaja a nuestro favor, pero no que siempre trabaje en nuestros tiempos. Es importante que quienes estamos en un camino espiritual aceptemos que el Universo tiene un plan mucho más grande que el nuestro. De modo que, si somos guiados a centrarnos en diferentes puntos fuertes en distintos momentos, debemos seguir el flujo en lugar de intentar nadar contracorriente. Cuando fluimos hacia lo que funciona, en lugar de empujar hacia lo que no, permitimos que el Universo nos guíe hacia lo que sirve a nuestro bien mayor.

## Mensaje milagroso 69:

### Puedes tenerlo todo, pero no todo al mismo tiempo.

#MilagrosYa

# 70. ENCUENTRA A TUS COMPAÑEROS EN EL CAMINO ESPIRITUAL

En mi infancia y adolescencia me sentía incomprendida. Tenía una mamá *hippie* que me llevaba con ella en su recorrido espiritual. Mientras nosotras visitábamos *ashrams,* mis compañeras de clase iban al cine. Como puedes imaginar, esto no tenía mucho sentido para mis contemporáneas adolescentes. A menudo me sentía sola y un poco rara por seguir una vía tan poco convencional.

Pero, a los veintitantos, cuando me entregué por completo a mi propia práctica espiritual, me di cuenta de que no estaba sola en absoluto. Muy pronto atraje a un poderoso grupo espiritual de «compañeras de camino» y todas ellas siguen siendo mis mejores amigas hasta el día de hoy. Este grupo siempre en expansión está compuesto por personas que practican lo que predican, comparten creencias esenciales y favorecen su crecimiento mutuo. A medida que he ahondado en mi práctica espiritual, estas compañeras han estado a mi lado en los incómodos lapsos de crecimiento acelerado y en los momentos de apertura y comprensión. No puedo imaginarme la vida sin ellas.

En mis talleres y conferencias suelo escuchar a gente que dice sentirse sola en su camino espiritual. Les digo que esa percepción de aislamiento es algo que ellos mismos han elegido. Al ego le encanta convencernos de que estamos separados, de que somos especiales y estamos solos. Estas personas suelen decir cosas como «nadie me entiende» o «mis familiares y amigos no están en la misma página que yo». Lo que más anhelan es un compañero en el camino espiritual.

Si estás leyendo este libro, es probable que hayas emprendido un camino hacia nuevos descubrimientos y que hayas abierto tu mente y tu corazón a una nueva percepción. Al embarcarse en este viaje, uno puede sentirse solo si así lo elige. La palabra clave aquí es «elegir». En este momento puedes elegir atraer amigos de mentalidad parecida en lugar de sentirte separado. En los últimos tiempos el coro espiritual suena cada vez más alto. De modo que el principio aplicable aquí es confiar en que ahí fuera te espera un poderoso grupo.

Para atraer a tu vida a un compañero de camino, sigue estos tres pasos:

**Primer paso:** Cambia tu percepción. Si vas por ahí quejándote de que nadie te entiende, no vas a atraer a nadie que lo haga. Cambia de discurso y di que estás preparado para conectar con gente de mentalidad similar.

**Segundo paso:** Empieza a rezar para que tus compañeros espirituales sean guiados hasta ti. Confía en que ellos también están esperándote y en que, en cuanto hagas sitio para encontrarte con ellos, oirán tu llamada. En este momento, ahora mismo, puedes recitar la oración: «Doy la bienvenida a mi vida a mis compañeros espirituales».

**Tercer paso:** No tengas miedo de hacer conexiones en Internet. Si eres mujer, puedes visitar mi página dedicada a la interacción social y la hermandad digital: HerFuture.com. O visita mi página de fans en Facebook. Suelo oír que las personas se encuentran en HerFuture o en mi página de fans y se hacen compañeras espirituales para siempre. Las relaciones en línea pueden ser igual de fuertes.

Encuentra tu comunidad espiritual. Abre tu mente, tu espíritu y tus conexiones en las redes sociales para recibir a tus compañeros en el camino espiritual.

### Mensaje milagroso 70:

Para seguir progresando en mi camino
de crecimiento personal, invoco la ayuda
de mis compañeros espirituales.

#MilagrosYa

# 71. DESCANSA, RELÁJATE, RESTÁURATE

Millones de personas sufren insomnio o interrupciones del sueño. En algún momento todos hemos experimentado lo que supone pasar toda la noche sin dormir. ¡Aproximadamente el sesenta por ciento de la población no duerme lo suficiente!

En la técnica 10 comenté que dormir es una práctica espiritual. Y a estas alturas ya sabes que el sueño es crucial para tu salud. Cuando no duermes lo suficiente, aumenta tu nivel de hormonas del estrés y tu presión sanguínea, lo que puede producir enfermedades del corazón, obesidad y depresión. El libro *The Relaxation Response*[8], de Herbert Benson, nos enseña que, si el cuerpo no descansa, no puede curarse a sí mismo de manera natural. Durante el sueño el cuerpo tiene la oportunidad de repararse. Cuando no puede hacerlo, te sientes enfermo y también bloqueado. Tu campo energético se debilita, lo que reduce el poder de tu presencia. Para realinear tu energía, vitalidad y salud, te propongo una poderosa práctica *kundalini* que te ayudará a restaurar tus hábitos de sueño.

El yoga *nidra*, o sueño yóguico, es una práctica meditativa profundamente relajante que rejuvenece el cuerpo y la mente. Está diseñada para equilibrar los sistemas nerviosos simpático y parasimpático, soltar tensión física, relajar la actividad de las ondas del cerebro y equilibrar los hemisferios cerebrales. También

---

8. *The Relaxation Response,* Herbert Benson, Nueva York, HarperCollins, 2000. *(N. del T.)*

se le suele llamar «sueño consciente» porque puedes entrar en un espacio de profunda relajación sin quedarte dormido.

Para vivir esta experiencia, practica mi meditación guiada, que te ayudará a mantenerte consciente y presente mientras relajas el cuerpo. Sé testigo de cómo tu mente se despista y después, delicada y amablemente, guíala de vuelta a la meditación.

Para comenzar la práctica, túmbate cómodamente sobre la espalda. Puedes cubrirte con una manta si tienes frío. Descarga mi meditación yoga *nidra* en Gabbyb.tv/Miracles-Now. Escucha la meditación y procura mantenerte despierto mientras relajas todo el cuerpo. Mientras escuchas mis instrucciones, identifica cada parte del cuerpo y mantente presente durante el ejercicio. Otra forma de hacer esta práctica es leer las instrucciones siguientes, o invita a un amigo a leértelas. Practica el yoga *nidra* entre uno y once minutos.

Túmbate sobre la espalda, con los brazos extendidos a los lados y las palmas de las manos hacia arriba (o de la forma que te resulte más cómoda).

Cierra los ojos.

Establece una intención clara.

Toma un par de respiraciones profundas, con énfasis en la espiración.

Empezando por el lado derecho, lleva la atención a todas las partes del cuerpo, miembro a miembro, en una sucesión bastante rápida.

Toma conciencia de cada dedo, de la palma de la mano, de su dorso, de la mano en su totalidad, del antebrazo, del codo, del brazo, de la articulación del hombro, del hombro, del cuello, de cada sección de la cara (frente, ojos, nariz, mentón, y así sucesivamente), oreja, cuero cabelludo, garganta, pecho, un lado de la caja torácica, omóplato, cintura, estómago, bajo vientre, genitales, trasero, la totalidad de la columna, muslo, parte superior e inferior de la rodilla, espinilla, tobillo, parte superior del pie, talón, planta y cada dedo del pie.

Toma conciencia de tu cuerpo como totalidad.

Repite este circuito una o más veces hasta alcanzar un nivel de relajación bastante profundo. Acaba siempre con la conciencia de todo el cuerpo.

Sé consciente de todo el cuerpo y del espacio que lo rodea.

Siente la quietud y la paz.

Reafirma tu intención inicial.

Prepárate mentalmente para regresar a la conciencia ordinaria.

Mueve con suavidad los dedos durante unos momentos, toma una respiración profunda y después abre los ojos.

La práctica del yoga *nidra* puede parecer una larga siesta, pero ¡sigues despierto! Descansas, pero sin dormir ni soñar. Eres capaz de aquietar la mente y de ir a un lugar muy dichoso.

Usa esta práctica cuando sientas que no duermes lo suficiente. Cuando estoy en una ajetreada campaña de promoción de un libro, viajando por todo el país, esta práctica es una gran ayuda.

## Mensaje milagroso 71:

Duerme con conciencia para relajarte
y recuperarte.

#MilagrosYa

# 72. DEJA QUE EL UNIVERSO HAGA SUS COSAS

A mi clienta de *coaching* Becky le encanta controlar cada detalle de su vida. La mayor parte de su ansiedad proviene de su necesidad de controlar los resultados. En una cita, se enfoca en lo que ocurrirá después de la cena. Si consigue uno de sus objetivos, de inmediato se orienta hacia el siguiente. Este comportamiento le impide experimentar la vida y disfrutar de lo que tiene en el momento presente.

Durante una de las sesiones, sugerí a Becky la práctica de pasar todo un día en rendición total. Cada vez que empezara a irse al futuro, debía tomar una respiración profunda y decir: «Suelto esto y permito que el Universo haga sus cosas». La respiración es un componente clave para que este principio funcione. Una afirmación puede cambiar tu estado de ánimo, pero una respiración puede cambiarte la vida. Combinar esta afirmación de rendición con una respiración plena y profunda te devuelve al presente en un instante.

Aunque al principio Becky se resistía a completar este ejercicio, empezó a experimentar momentos de paz. Esto la ayudó a sentir cada momento (incluso si solo duraba un segundo o dos). En ese instante podía soltar su necesidad de irse al futuro y abandonarse. Cuanto más participaba proactivamente en esta práctica, más relajada se sentía. Con el tiempo sintió una conexión más profunda con la energía que la rodeaba y disfrutaba del presente con el convencimiento de que el Universo se encargaba de su futuro.

De algún modo, estos viajes al futuro nos bloquean a todos. Cuando nos centramos en lo que va a venir a continuación, nos perdemos lo que ocurre ahora. La próxima vez que te des cuenta de que estás enredado en un viaje al futuro, tómate unas vacaciones en el AHORA mediante una respiración plena y profunda; y repite la afirmación: «Suelto esto y permito que el Universo haga sus cosas». Presta mucha atención a cómo te sientes después de usar esta afirmación y disfruta de la guía milagrosa que recibirás.

## Mensaje milagroso 72:

Suelto y dejo que el Universo haga sus cosas.

#MilagrosYa

# 73. DA UN DESCANSO A TU CEREBRO

La idea de tomarse las cosas con calma siempre parece atrayente, pero también puede ser difícil de aplicar. ¿Por qué? Es simple. En estos tiempos todo se mueve muy deprisa. No me malinterpretes: vivir a un ritmo rápido no es nada malo (y es inevitable en un lugar como Nueva York). Pero estar acelerado en todo momento puede hacerte sentir abrumado. No solo acabas haciendo menos, también te sientes tenso y ansioso.

Paradójicamente, el secreto para poder hacer más cosas es ir más despacio. No te digo que renuncies al mundo y dediques todo el día a meditar. Pero sí te sugiero que crees un espacio para acceder a tu poder interno. Cuando lo haces, el tiempo parece expandirse y consigues hacer más cosas. Este principio reorientará tu energía y te ayudará a potenciar tu sensación interna de poder para que tu vida crezca, se expanda y fluya.

Cuando tienes muchas cosas en la cabeza, te resulta difícil ser productivo y estar en paz. Mi amigo Michael Eisen me enseñó que una manera estupenda de incrementar tu energía y de crear más tiempo en tu día es tomar regularmente descansos para el cerebro: momentos de conciencia que te permiten aclarar tus pensamientos. Basta con alejarse del ordenador y dar un paseo (y *no* te lleves el móvil). Estos descansos te permitirán sacudirte la tensión y empezar con frescura cuando vuelvas a tu rutina.

### Mensaje milagroso 73:

Cuando estés estresado, da un descanso a tu cerebro.

#MilagrosYa

# 74. DEJA DE SER TAN CONDENADAMENTE NEGATIVO

En el noticiario por *email* que envío cada semana suelo incluir un vídeo. En los vídeos hablo de temas espirituales y ofrezco consejos. Cierta semana mandé uno llamado *Cómo lidiar con la gente negativa.* A los pocos minutos recibí respuesta de una mujer llamada Kimberley. Decía: «Gabby, necesito que hables en tu blog sobre ¡CÓMO DEJAR DE SER NEGATIVA! Mucha gente me ha dicho que soy una persona negativa. ¡Ya no quiero ser así! ¿Qué puedo hacer?».

La petición de ayuda de Kimberley no solo me inspiró a grabar un vídeo sobre el tema, también me impulsó a compartir la solución en este libro. La negatividad reduce la energía e inhibe la auténtica conexión con los demás. Darle la vuelta a esta actitud de baja vibración exige compromiso, pero es imprescindible si quieres vivir una vida milagrosa.

En este caso, Kimberley llegó al punto en que ya no quería ser identificada (por otros ni por ella misma) como «una persona negativa». Estaba lista para una nueva historia. La buena noticia para ella es que la historia puede reescribirse en cualquier momento. Nunca es demasiado tarde para abandonar una actitud de baja vibración y empezar con renovada frescura.

El proceso de cambiar de actitud es al mismo tiempo consciente y subconsciente. Debemos reconocer conscientemente que tenemos este problema y entregarlo. A nivel subconsciente, debemos permitir que se produzca la transformación espiritual. Desde la perspectiva de *Un curso de milagros,* cuando tenemos una percepción de algo basada en la mente errónea (en el miedo), el trabajo es entregarla al Espíritu Santo (o guía interno) para que la reinterprete por nosotros. Cuando dejamos nuestras elecciones temerosas al cuidado del guía interno, podemos relajarnos y dejar que actúe el espíritu. El *Curso* dice: «El Amor entrará inmediatamente en cualquier mente que lo desee de verdad». Por lo tanto, al entregar la negatividad a tu guía interno, dices que *quieres* amor en su lugar.

Si te sientes pillado en la historia negativa, reza para salir de ahí. Empieza orando para pedir una nueva percepción. En esos momentos en los que te sientes atrapado en una espiral de negatividad, invita a tu guía interno a intervenir y a reinterpretar tu diálogo interno. A continuación, date cuenta de que lo único que necesitas para abrir el camino a nuevas percepciones es tu deseo de ver amor en lugar de negatividad. Tal vez sientas que te sobreviene una sensación amorosa. O quizá descubras que ese día vas a evitar el conflicto. Cualquiera que sea el resultado, confía en que este proceso te saque de tus hábitos negativos y dé lugar a toda una nueva forma de ser.

### Mensaje milagroso 74:

Entrega tu actitud negativa al cuidado de
tu guía interno. Espera milagros.

#MilagrosYa

# 75. DESBLOQUEA TU VIENTRE, DESBLOQUEA TU VIDA

Creo que la fluidez de nuestros movimientos de vientre mantiene una correlación directa con el flujo de nuestra vida. ¿No te lo crees? Pregúntate si cuando sientes que tu vientre está superatascado tu vida también se detiene. Si quieres desbloquear todas las áreas de tu vida, ¡tienes que abordar *cada una de ellas*!

Es importante reconocer que tu bienestar físico afecta de forma directa a tu campo energético, y que tu energía es tu verdadero poder. De modo que centrémonos en cómo los movimientos de vientre puede favorecer el flujo de la vida.

Los problemas digestivos a menudo se derivan de pensamientos negativos y ansiedad. Cuando estamos ansiosos (por cualquier razón) durante las comidas, es probable que mastiquemos con rapidez y de forma incompleta, lo que dificulta la digestión. Y si nos juzgamos a nosotros mismos por lo que comemos, infundimos negatividad en la comida. Si teñimos la comida con vibraciones negativas, nos cuesta más digerirla. El cuerpo se tensa y nos bloqueamos.

Una poderosa herramienta que aprendí de una de mis amigas del *kundalini* yoga es bendecir la comida antes de tomarla. La profesora me sugirió que mirara la comida y dijera: «Amo mi comida; mi comida me ama a mí». Esta simple frase puede cambiar toda tu experiencia culinaria. Experimentarás la riqueza de los sabores, comerás de forma más lenta y deliberada, no te excederás y, lo más importante, digerirás adecuadamente. Tomarse un momento para bendecir los alimentos puede transformar los hábitos.

Usa este ejercicio para desbloquear tanto tu mente como tu vientre y tu vida.

## Mensaje milagroso 75:

«Amo mi comida; mi comida me ama a mí.»

#MilagrosYa

# 76. DESHAZ LA INMOVILIZACIÓN ENERGÉTICA

En las relaciones solemos perder de vista cómo afecta nuestra energía al otro. Esto es muy cierto cuando estamos apegados a esa persona. En algunos casos, nuestra energía dominante —ese estrangulamiento energético inconsciente al que sometemos al otro— puede arruinar las relaciones o sabotear oportunidades. Las primeras etapas de la relación romántica son las más susceptibles a esta posibilidad porque tal vez no tengas claro lo que la otra persona siente por ti. El estrangulamiento energético también puede ahogar una relación laboral; considera las veces en que has querido que tu jefe te dé la aprobación o que un compañero termine algo. Cuando nos sentimos apegados o necesitados en una relación, es probable que tengamos a la otra persona inmovilizada o atrapada energéticamente.

Como ya debes de saber a estas alturas, mantener a alguien en una llave energética no te permite llegar muy lejos. Esa energía tan necesitada suele provocar rechazo. Afrontémoslo: ¿quién quiere tener una cita con alguien que lo ahoga con sus vibraciones?, ¿o contratar a alguien que trata de manipular un resultado?

Esta lección no suele resultar fácil. Tenemos profundamente arraigadas algunas creencias temerosas, como «no me siento valioso a menos que obtenga la atención de los demás» o «necesito controlar el resultado para sentirme seguro». Estas creencias surgen de la educación, de viejas experiencias traumáticas y de una profunda necesidad de sentirse seguro y amado. Comprender la profundidad de estas creencias es crucial para cambiar la conducta.

Tómate un momento para identificar y anotar el temor que está detrás de tu necesidad de controlar a los demás. Para mí era: «Estoy incompleta sin una pareja». Ese pensamiento me volvía muy controladora, manipuladora y energéticamente alocada en las relaciones de pareja. Mi ego me había convencido de que no estaba segura sin un compañero, y por tanto tenía que hacer lo que fuera para mantener intacta la relación romántica. Cuando me di cuenta de que esta tendencia venía de una pequeña idea loca, fui capaz de entregarla.

Una vez que entiendes mejor por qué necesitas controlar energéticamente a la gente, puedes dar el paso siguiente. ¿Cuál es el sentimiento que está detrás de la necesidad de controlar? ¿Hay una sensación de pánico? ¿Un sentimiento de pérdida? ¿Tensión en algún área específica de tu cuerpo? Tómate un momento para describir el sentimiento. Asígnale un color y una textura. Sé tan descriptivo como puedas. El sentimiento que estás describiendo es la vieja inseguridad y el miedo que viven debajo de tu necesidad de controlar. Ese sentimiento nunca fue sanado, de modo que piensas que necesitas controlar el mundo externo para no volver a sentirlo.

La clave para soltar tu necesidad de controlar energéticamente a los demás es sanar el sentimiento que está detrás de la necesidad de controlar. Cuando notes que tus niveles de estrés aumentan y que se instauran el miedo y la necesidad de hacer una inmovilización energética, es el momento de *sentir* el sentimiento. Tómate sesenta segundos solo para inspirar el sentimiento, donde quiera que viva en tu cuerpo. Tal vez se trate de tensión en el estómago, de un cosquilleo en el pecho o de la mandíbula apretada. Dirige la respiración hacia esa zona mientras te permites sentirla de manera segura. En ese minuto tu energía puede cambiar; puedes atravesar el sentimiento con la respiración y soltarlo. Este milagro de soltar ocurre cuando llegas a la raíz del problema. El objetivo no es conseguir el resultado deseado; el objetivo es la paz.

Usa este ejercicio cuando te sientas fuera de control a nivel energético. Identifica el sentimiento, respíralo y suéltalo. Continúa con esta práctica hasta que se convierta en tu segunda naturaleza.

## Mensaje milagroso 76:

Obsesionarse con el resultado de una relación produce interferencias. Suelta y permite.

#MilagrosYa

# 77. APROVECHA EL PODER DE LA EMPATÍA

A muchos de los que nos sentimos atraídos hacia este tipo de libro se nos considera empáticos, y también se suelen referir a nosotros como «personas sensibles». Una persona empática es capaz de sentir la energía de la gente que la rodea. Algunos de los rasgos destacados de alguien empático son la capacidad de detectar emociones profundas en otros y una intensa sensación de saber cosas intuitivamente. Estas características pueden ser muy poderosas si se refinan. Pero, cuando las personas no son conscientes de sus altos niveles de intuición y empatía, estas cualidades pueden volverse abrumadoras, y a veces atemorizantes.

Todo tiene una vibración o frecuencia energética. Las personas empáticas pueden captar los cambios de vibración por medio de sus sentidos. Armadas con las herramientas adecuadas, pueden orientar las vibraciones en una dirección positiva. Es importante que seas muy consciente de tu empatía para poder cabalgar la ola de las emociones del mundo en lugar de dejarte derribar por ella. Si te identificas como empático, o incluso si tienes tendencia a sentirte afectado por la energía de las palabras, noticias o personas negativas, este principio será un gran apoyo para ti.

¿Cómo puedes usar este principio para sanar en lugar de para dañar? En primer lugar, es importante entender cómo te afectan las vibraciones negativas. Haz una lista de todas las circunstancias que reducen tu energía. ¿Qué ocurre y quién está involucrado? A continuación, comprométete a protegerte en esas situaciones.

Existen algunas técnicas geniales para proteger tu energía. Puedes empezar con una oración. Yo empleo esta fabulosa oración protectora que aprendí de mis mentores espirituales en Brasil. Habla con Dios, el Universo, el espíritu o con quien quiera que hables cuando rezas. Di en voz alta o para ti mismo: «Gracias por retirar cualquier energía negativa que haya recogido, y gracias por devolverme cualquier energía positiva que haya perdido». Esta afirmación emite un mensaje universal para que nadie se meta con tu energía. Tienes más poder del que crees, y recuerda que puedes decidir el tipo de energía que deseas captar.

Otro ejercicio estupendo para protegerte consiste en visualizar un círculo de luz a tu alrededor. Cierra los ojos y visualiza que te rodea un precioso escudo de luz blanca. Si estás en un espacio en el que hay energía tóxica o si te llegan bajas vibraciones de la televisión o de la radio, usa el escudo para proteger tu campo energético.

Como persona empática, una vez que has aprendido a protegerte, también puedes aprender a usar tus capacidades de un modo positivo. Los empáticos suelen ser capaces de resolver problemas. Sus elevados niveles de intuición los ayudan a dar solución a situaciones aparentemente imposibles. Usa esta capacidad para ayudarte y ayudar a otros a encontrar paz en situaciones conflictivas, y sé una poderosa fuente de empatía en el mundo.

## Mensaje milagroso 77:

La empatía es una virtud. Úsala sabiamente.

#MilagrosYa

# 78. LIDIA CON TU PROPIA MENTE

Yogi Bhajan dijo: «Si tu mente puede estar de acuerdo contigo, es una bendición. Si tu mente te obedece, es una superbendición». La bendición consiste en que, cuando aprendes a controlar tu mente, ella ya no te domina. Puedes dirigir tu camino mediante el yo superior y prescindir de la guía inferior del ego. Cuando dominas tu mente, experimentas lo que en la tradición yóguica se denomina *shuniya*.

*Shuniya* es un estado de conciencia en el que la mente permanece en una quietud total. Cuando desarrollas este estado de paz interna, obtienes beneficios físicos, emocionales y espirituales. Yogi Bhajan decía que, en este estado de conciencia elevado, el ego queda acallado por completo. Existe poder en esa quietud. Cuando experimentamos la «mente cero» podemos enfocar la proyección mental en intenciones claras y alinearnos con la fuente del poder universal.

¿Esto te suena un poco «volado»? Sé que el concepto de mente cero es difícil de entender, pero es alcanzable. Puedes llegar a la quietud practicando una meditación llamada «lidia con tu propia mente» que ofrece grandes beneficios en unos minutos. Si aquietas tu mente aunque solo sea por un instante, estás un paso más cerca de experimentar *shuniya*. Usa esta meditación para vivir momentos de quietud o para expandir tu conciencia interna. Conviértela en un ritual diario.

Para iniciar la práctica, siéntate en la postura fácil, con la columna erguida. Cierra la fosa nasal derecha con el pulgar derecho e inspira profundamente por la fosa nasal izquierda. Espira todo el aire por la boca.

Practica esta meditación durante seis minutos.

Para acabar la meditación, inspira profundamente, entrelaza los dedos y estíralos por encima de la cabeza, con las palmas hacia arriba. Retén el aliento entre diez y quince segundos mientras enderezas la columna.

## Mensaje milagroso 78:

### Dominar tu mente te ayuda a desentrañar el misterio de la existencia.

#MilagrosYa

# 79. SIENTE UN BROTE NATURAL DE AMOR

A veces, la manera más simple de dejar atrás una mala actitud y atraer la felicidad es una acción muy cotidiana. Hay ciertos actos que activan la oxitocina, también llamada hormona del amor, porque inducen sentimientos de amor y confianza y una sensación de vinculación. Si te sientes atemorizado, la oxitocina puede cambiar tu estado de ánimo, hacerte sentir más conectado y reactivar tu energía general.

Existen algunas maneras naturales de acelerar el motor de la oxitocina cuando sientes que tu energía está por los suelos. Los estupendos consejos que siguen pueden aplicarse en cualquier momento y lugar. Tómate un minuto para un milagro y deja que la hormona del amor guíe tu camino.

**Primer consejo:** Ponte la mano en el corazón. Mi amiga Arielle Ford me enseñó que este gesto estimula la hormona del amor, que envía a tu cuerpo la señal de que estás seguro y puedes calmarte. Cuando te hayas puesto la mano en el corazón, dirige la respiración hacia él. Y mientras lo haces, imagina que te recorren sentimientos de amor, compasión y relajación. Colabora proactivamente en tu sanación respirando hacia tu propio corazón.

Este ejercicio estimulará el flujo de oxitocina, que ayuda a rebajar la presión sanguínea y el nivel de cortisol, con lo que el estrés se reduce, se diluye la ansiedad y se favorecen el crecimiento, la sanación y la felicidad en general. Ponte la mano en el corazón y calma la locura.

**Segundo consejo:** Da a alguien un abrazo de veinte segundos. Sí, es así de simple. Basta con dar a un ser querido un pequeño apretón y dejar que dure. Asegúrate de que el abrazo sea recíproco. Es importante que este gesto active una sensación de conexión para estimular la oxitocina. Abraza a tu amante, a tu mejor amigo o incluso a tu mascota. La dulce conexión entre dos seres puede cambiar el estado de ánimo por completo.

**Tercer consejo:** Exhibe tus blancas perlas. Una sonrisa auténtica y sincera genera una sensación de conexión. Sonríe a la gente que conoces, y siéntete libre de sonreír a personas con las que te cruzas por la calle y a las que no conoces de nada. Expresa tu auténtica gracia centrada en el corazón a través del gesto generoso de una sonrisa. En un instante sentirás un brote de amor.

El amor no tiene por qué venir de la pareja o de un familiar. Puede venir de cualquier conexión auténtica. Dedica tiempo de tu vida a crear esas conexiones y confía en que con ello no solo te beneficias a ti mismo, también extiendes el amor.

### Mensaje milagroso 79:

El amor puede venir de cualquier
conexión auténtica.

#MilagrosYa

# 80. LAS CUALIDADES DE LOS DEMÁS QUE NOS DISGUSTAN SON PARTES NO RECONOCIDAS DE NUESTRA SOMBRA

En una ocasión protagonicé una pelea explosiva con una mujer que trabajaba en el mostrador de una empresa de coches de alquiler. Hizo una exhibición de poder y se desvió de lo acostumbrado para ponerme las cosas difíciles. Mi reacción no fue muy amable. Sentí la necesidad de responder con mi propio poder amenazándola con llamar al director y presentar una queja. Y eso fue lo que hice.

Horas después de presentar la queja en la oficina corporativa a su director regional, no me sentía mejor. Pensé que quejarme de lo mal que me había tratado me iba a ayudar a superar la experiencia. Curiosamente, me hizo sentir peor. Me senté con ese sentimiento y exploré la lección que tenía para mí. En la quietud escuché a mi voz interna decir: «Las cualidades que no te gustan de esa persona son partes no reconocidas de tu propia sombra». Mi guía interno me tenía contra las cuerdas: el mensaje fue muy claro y resonante.

Pasé a examinar qué había en esa empleada de la empresa de alquiler de coches que reflejara mi «sombra no reconocida». ¿Qué había en mí oculto y reprimido? En contemplación silenciosa, fui capaz de aceptar que, en el fondo, había una parte de mí que quería controlar la situación y el resultado. Eran las mismas cualidades que ella había exhibido. Su profunda necesidad de controlar había chocado de frente con la mía, y se abrieron las puertas del infierno.

La clave aquí es que incluso los extraños pueden ofrecernos la oportunidad de mirar más de cerca la sombra que queremos mantener oculta. *Un curso de milagros* enseña: «Lo que está oculto puede aterrorizar, no por lo que es intrínsecamente, sino por el hecho de estar oculto». El problema no es lo que ocultamos, sino que no estamos dispuestos a abordarlo.

La próxima vez que alguien te ponga de los nervios, observa tu reacción y recuerda que las cualidades que no te gustan en él son partes no integradas de tu sombra. Aquiétate y permite que tu guía interno te enseñe lo que tienes que liberar. Debes estar dispuesto a examinar tu ego más de cerca y a dejar que las personas del mundo sean tus mayores profesores.

### Mensaje milagroso 80:

Las cualidades que no te gustan en otros son partes no reconocidas de tu sombra.

#MilagrosYa

# 81. TOMA DECISIONES CON FACILIDAD

A menudo la mente lógica se interpone en el camino de la claridad intuitiva. Cuando una situación tiene muchas variables (o cuando las apuestas parecen elevadas), todas las idas y venidas y los debates internos pueden volvernos locos. Por otra parte, muchos tenemos la tendencia a analizar demasiado, lo que empeora las cosas porque nos separa de la inspiración y la intuición. Cuando estamos empantanados en la indecisión, a menudo forzamos una respuesta. Pero presionarnos a nosotros mismos para tomar una decisión suele ser una receta perfecta para acabar lamentándose. La manera ideal de decidir es desde un lugar de intuición y poder.

Cada músculo de tu cuerpo se resiste a una decisión o fluye con ella. Es posible que el cerebro te engañe, pero los músculos no mienten nunca. Cuando te sientes atascado a la hora de tomar una decisión, puedes sopesar tus opciones con la prueba muscular para ver con qué está de acuerdo tu cuerpo. Esta es la prueba de kinesiología aplicada, una manera de conseguir respuestas de tu subconsciente a través de las reacciones musculares.

Puedes practicar este simple test muscular ahora mismo.

Para empezar, selecciona la pregunta. Puede ser tan simple como «¿debería comer este pedazo de pizza?» o tan compleja como «¿es el momento de dejar mi trabajo?».

Cuando hayas decidido qué pregunta quieres plantear, reformúlala como si ya hubieras tomado la decisión («Sí, quiero un pedazo de pizza» «No, no estoy preparado para dejar el trabajo».

Presiona las puntas del pulgar y del meñique de la mano izquierda para que formen una especie de «O» (como se ve en la imagen).

Inserta las secciones superiores del pulgar y del índice de la mano derecha en la apertura (como en la imagen).

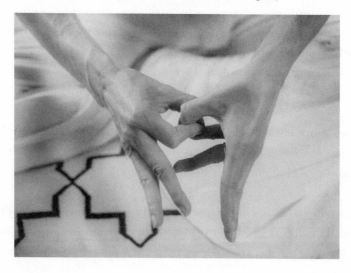

Luego, empuja tu pulgar e índice derechos contra los dedos de tu mano izquierda que forman la «O».

Si la «O» se separa con facilidad, significa que esta elección te debilita y que tu cuerpo no la apoya. Es una indicación clara de que tu respuesta es un NO rotundo.

Si los dedos de la mano izquierda permanecen juntos, la respuesta es un SÍ claro.

Este simple ejercicio puede comunicar mucho. Confía en que tus músculos no mienten nunca. Es posible que tu ego se resista al mensaje que recibas, pero procura confiar en lo que te dice tu cuerpo.

## Mensaje milagroso 81:

Toma decisiones desde un lugar de intuición y poder.

#MilagrosYa

# 82. NO TE QUEDES EN EL PERÍMETRO DE LA PERSONA QUE QUIERES SER

A los veinticinco años me hice devota de la profesora espiritual Marianne Williamson. Uno de sus libros, *El valor de lo femenino*, tocó directamente mi corazón. Su lectura me mostró una fuente de poder situada dentro de mí que antes no había reconocido. Este despertar asombroso se produjo al leer el párrafo siguiente:

> Una reina es sabia. Se ha ganado su serenidad; no es que alguien se la haya otorgado, sino que ha superado sus pruebas. Ha sufrido y se ha hecho más hermosa debido a ellas. Ha demostrado que puede mantener la integridad de su reino. Ella se ha convertido en su visión. Siente que le importa profundamente algo que es más grande que ella misma. Gobierna con verdadero poder.

En aquel momento no podía comprender la sensación que me produciría «gobernar con verdadero poder» pero sonaba genial. Quería percibirme a mí misma como una mujer poderosa, pero en el fondo me sentía como una chica débil y buscaba mi valía en las circunstancias externas. Este párrafo me ayudó a reconocer que no hay atajos en el camino hacia el auténtico poder. Tenía que afrontar las tareas que la vida me ponía delante y superar las pruebas para poder soltar todo lo que me impedía ser la mejor versión de mí misma.

Cuando estuve dispuesta a dejar de buscar fuera y empecé a mirar dentro, toda mi vida cambió. Empecé a ganarme la serenidad y aprendí a encontrar mi fuente de paz y propósito en el estado interno. Desapareció mi actitud necesitada, se redujo mi inseguridad y las dudas con respecto a mí misma se convirtieron en confianza. Con el tiempo me transformé en una reina, y hoy vivo mi auténtico poder. Tú también eres capaz de vivir tu auténtico poder. Si te sientes desalineado en cualquier área de tu vida, usa las herramientas que propongo a continuación para recalibrar tu autenticidad.

Saca bolígrafo y papel y describe las diferencias entre cómo te sientes cuando estás en tu verdad y cuando estás en tu ego. ¿En qué sentido actúas distinto, hablas distinto, piensas e incluso respiras distinto? Presta mucha atención a las diferencias en cómo te sientes. Sé tan específico como puedas: ninguna acción, hábito o palabra es demasiado insignificante para anotarlo.

Aunque estos pasos parezcan sutiles, confía en que activan cambios transformadores dentro de ti. Mantén el compromiso con este proceso e invita a la energía del Universo a apoyar tus tareas y tu crecimiento espiritual. Confía en que lo único que necesitas es tu auténtico poder para compartir tu luz con el mundo.

### Mensaje milagroso 82:

No bailes en torno al perímetro de la persona que quieres ser. Entra en ello completamente.

#MilagrosYa

# 83. EL PERDÓN TE LIBERA

Como estudiante de *Un curso de milagros*, me he comprometido a practicar el perdón. El *Curso* resalta que, a través de la experiencia del perdón, reconectamos con nuestra verdad, que es el amor. La desconexión inicial de la verdad es lo que nos ha causado tanto dolor. Cuando elegimos percibir el mundo a través del ataque, el juicio y la separación, nos sentimos culpables inconscientemente porque, en el fondo, sabemos que le damos la espalda al amor. El perdón nos libera de la culpa y nos realinea con quienes somos de verdad.

La idea de perdonar es genial, pero la experiencia resulta difícil. Muchas personas no pueden ni imaginar cómo es perdonar porque siempre están a la defensiva, «protegiéndose» a toda costa; ese es el tipo de vida que se han creado. Si acostumbras a mantener tus guantes de boxeo en alto, este es el momento de abandonar la postura de lucha. La única manera de que tu vida florezca de verdad es soltando todas las tensiones que te impiden dejar fluir el amor a través de ti. Esas tensiones surgen de la falta de perdón. Ahora bien, entiendo que en muchos casos puede parecer imposible perdonar a una persona o situación, sobre todo si te ha producido mucho daño. Cuando te has sentido herido, es normal que sientas que no puedes abandonar el enfado y los pensamientos de ataque. Estás convencido de que, de algún modo, el enfado te protegerá, te armará y te hará fuerte. Pero lo cierto es que el enfado y el resentimiento te debilitan porque te mantienen atascado en el dolor del pasado.

El perdón es crucial para tu felicidad. Es importante entender y aceptar que el perdón no es para tu atacante. Es para ti. A través del perdón, sueltas los guantes de boxeo y abres tu corazón a la paz.

¿Estás preparado para experimentar milagros ahora? Sigue estos tres pasos para practicar el perdón.

**Primer paso:** Escribe en tu diario una lista de las personas a las que tienes que perdonar. (No te olvides de incluirte a ti mismo si es necesario.)

**Segundo paso:** Reconoce tu papel en la situación. Aunque sientas que te han hecho mucho daño, tú también tienes una parte. A veces tu parte es que has estado acarreando el resentimiento. O tal vez tu parte sea que te quedaste en una relación demasiado tiempo. Si no te resulta evidente cuál es tu parte, tómate un momento para preguntarte cómo has contribuido a tu propia incomodidad en esa situación.

**Tercer paso:** Reza. A través de la oración pedimos ayuda a un profesor invisible. Llámalo Espíritu Santo, llámalo Dios o llámalo amor. El nombre no importa. Lo importante es que elijas llamarlo. Confiar en que un poder mayor que tú puede intervenir es el paso crucial en el proceso del perdón. Tu mente lógica no tiene ni puñetera idea de cómo perdonar y dejar ir. Pero tu intuición y tu conciencia superior tienen el plan perfecto; confía en ellas y entrégate a tu deseo de perdonar por medio de una oración.

Simplemente di: «Guía interno, reconozco que este resentimiento me hace daño. El enfado y el apego ya no me sirven. Estoy dispuesto a perdonar. Muéstrame el camino. Gracias».

Siéntete libre de cambiar las palabras de esta oración. El lenguaje no importa tanto como tu intención de dejar ir.

## Mensaje milagroso 83:

Florecer de verdad es soltar todas las tensiones que te impiden dejar que el amor fluya a través de ti.

#MilagrosYa

# 84. CUANDO EL TIEMPO SE TE ECHE ENCIMA, PONTE EN MARCHA Y LA PRESIÓN DESAPARECERÁ

Tal vez estés familiarizado con la canción *Era de Acuario* del musical *Hair*. El discurso de esa época se impuso todavía más en 1969, cuando Yogi Bhajan se trasladó a Estados Unidos para compartir la tecnología oculta del *kundalini* yoga. Su intención al traer el *kundalini* yoga a Occidente era prepararnos para la Era de Acuario. Bueno, pues la Era de Acuario ya está oficialmente aquí.

Tal vez sepas por las lecciones de astronomía que la Tierra gira sobre un eje. La línea que atraviesa el centro del planeta está algo ladeada; cuando este eje cambia, entramos en una nueva era, aproximadamente cada dos mil años. Durante los últimos cincuenta años hemos transitado de la Era de Piscis a la de Acuario. La Era de Acuario comenzó oficialmente el 11 de noviembre de 2011 (11/11/11). También puedes haber oído que la fecha oficial del cambio de era fue el 21 de diciembre de 2012. Al margen de la fecha que aceptes como punto de inflexión, estamos aquí ahora.

En la Era de Acuario experimentamos una nueva dimensión del potencial humano y de la conciencia espiritual. A este cambio le acompaña una sensación de que el tiempo se acelera. Muchas personas expresan que se sienten como dentro de una olla a presión a punto de estallar.

En un esfuerzo por prepararnos para estos tiempos tumultuosos, Yogi Bhajan nos dejó cinco *sutras* para la Era de Acuario (a los que ya me he referido en los primeros principios). El tercer *sutra*, «cuando el tiempo te presione, comienza y la presión desaparecerá», nos ofrece una guía genial para navegar en la presión de esta época. Este mensaje nos anima a cabalgar sobre la energía y a emprender acciones ahora. Ya no estamos en una era en la que podamos ocultarnos, jugar a ser pequeños o quedarnos atascados. Si lo hacemos, sentiremos una gran incomodidad.

A menudo la gente se resiste al cambio. Se siente más segura en el mismo lugar. El objetivo de este *sutra* es ayudarnos a aceptar que el Universo está cambiando y que el cambio es constante. Debemos abrazar el cambio y fluir con él. En cuanto des el primer paso, la presión desaparecerá.

## Mensaje milagroso 84:

«Cuando el tiempo te presione, comienza
y la presión desaparecerá.»

Yogi Bhajan

#MilagrosYa

# 85. LAS RELACIONES ÍNTIMAS PUEDEN SER TU MAYOR HERRAMIENTA DE APRENDIZAJE

A menudo las relaciones íntimas nos ofrecen un camino de revelación orientado al crecimiento personal. A veces, en el calor del momento, cuando te han tocado todos tus puntos sensibles, resulta difícil ver cuál es la lección que debes aprender en esa situación. Tanto si te trata de tu pareja como de tus padres, de un hijo o incluso de tu mejor amigo, es posible que te resulte difícil navegar en los desacuerdos o los momentos duros. Pero muchas veces las relaciones más enriquecedoras son las que sacan a la luz todo nuestro trabajo pendiente.

Si te presentas en una de estas relaciones sin ningún deseo de crecer, te verás atrapado en una espiral negativa. Nuestro trabajo como alumnos de espiritualidad es aceptar que las relaciones íntimas son encargos que nos envía lo divino para nuestro óptimo crecimiento y curación. Cuando percibimos las relaciones de esta manera, podemos usarlas como herramientas de aprendizaje más que como sentencias de muerte.

Yogi Bhajan dijo:

> Dos polaridades se unen para compartir la vida en los buenos y en los malos momentos. Pero hoy pensamos en las relaciones como formas de mantenernos juntos únicamente en los buenos momentos. ¿Cómo es posible que en una relación no tengas momentos buenos y malos?

Me encanta este mensaje porque nos da permiso para aceptar que pasaremos momentos duros. La aceptación abre la puerta a la verdad y al deseo de crecer. En lugar de esperar vivir en una paz constante, nuestro trabajo consiste en estar en paz con el caos.

Este principio está orientado a que puedas ejercitar tu deseo de encontrar paz en las relaciones cargadas emocionalmente. He descubierto que mis relaciones más íntimas reflejan las partes de mí que no quiero ver. Me empujan hasta los límites de mi zona de confort y me plantean el reto de crecer. Estas son algunas de las herramientas que sugiero para afrontar las dificultades en relaciones con alta carga emocional.

Reconoce tu deseo de tener razón. En cuanto aceptamos que preferimos ser felices que tener razón, nos liberamos. Al tomar esta decisión, eliges no mostrarte reactivo. En el calor del momento, en lugar de responder de la manera típica (que probablemente molesta y frustra a la otra persona, y solo consigue empeorar las cosas), no hagas nada.

Por ejemplo, yo solía ponerme a la defensiva y mostrarme reactiva cuando afrontaba dificultades en mis relaciones. Esa energía reactiva no me llevó a ninguna parte. Al final me sentí tan harta de mí misma que decidí cambiar: tomé una decisión proactiva en lugar de sucumbir a las reacciones. En vez de actuar como siempre cuando se producía un cambio, elegí no hacer nada. Elegí respirar la incomodidad y quedarme tranquila. Esa quietud me permitió escuchar mi voz intuitiva, que me dijo cómo afrontar el resto de la pelea para encontrar la paz con mayor rapidez. Este ejercicio puede alarmar a la otra persona porque espera que respondas como siempre. Confía en que la quietud no solo te servirá a ti, sino que también ofrecerá una oportunidad de cambiar a los demás.

Otra poderosa herramienta para cambiar la energía de una relación muy cargada es aceptar que la otra persona tiene una percepción del mundo del todo distinta de la nuestra. A veces el camino de menor resistencia es estar de acuerdo en no estar de acuerdo. La clave es honrar la opinión del otro aunque sea la opuesta a la nuestra. Todos tenemos egos que perciben el mundo a través de lentes temerosas. Al honrar el hecho de que cada persona está viviendo su propia experiencia de miedo, te das la oportunidad de abandonar tu necesidad de tener razón y los dos os liberáis mutuamente.

Emplea estas herramientas para redondear las esquinas de tus relaciones íntimas y confía en que son tareas enviadas por lo divino para tu crecimiento y sanación.

## Mensaje milagroso 85:

Deja que tus relaciones íntimas sean tus mejores
herramientas de aprendizaje para lograr la sanación
y el crecimiento espiritual.

#MilagrosYa

# 86. SÉ EL ALUMNO FELIZ

Nos aproximamos al final de *Milagros ya*, y llega el momento de evaluar tu práctica diaria. Aunque se te han dado muchas herramientas, es posible que hasta ahora no te hayas quedado con ninguna. Es importante entender que no tienes que aplicar todos estos principios al mismo tiempo. El simple hecho de elegir una herramienta para practicar a diario puede cambiarte la vida para siempre. El verdadero cambio viene de repetir cada día acciones nuevas que te empoderen. Aunque se trate de actos menores, sus beneficios pueden ser inmensos.

Llegados a este punto, vamos a hacer inventario de los ejercicios que te han servido. Tal vez puedas elegir uno que te resulte muy útil en este momento y establecer el compromiso de aplicarlo durante los próximos cuarenta días. La repetición de ese nuevo comportamiento te ayudará a producir un cambio que durará toda la vida.

Resulta fácil sentirse abrumado cuando uno recibe una tonelada de herramientas. Incluso hay personas que se vuelven adictas al crecimiento personal: sus egos las culpabilizan diciéndoles que no hacen lo suficiente. Yo sigo el planteamiento contrario. Creo en el poder de ir añadiendo cambios sutiles y también creo en la repetición. No hay necesidad de empujar, controlar ni forzar que algo ocurra. Confía en que el cambio real se produzca sutilmente a lo largo del tiempo.

Si has estado tratando de controlar y de forzar resultados en tu camino espiritual, ahora es el momento de rendirte y convertirte en el alumno feliz. Confía en que no necesitas hacerlo todo a la perfección ni de manera inmediata. Haz una cosa cada vez y deja que el Universo se encargue.

A medida que apliques las técnicas de este libro, practica también ser imperfecto. Tómate tu tiempo y vuelve a ejercicios anteriores. Incluso puedes elegir y enfocarte en uno durante cuarenta días. Este libro no está diseñado para que lo ejercites todo a la vez. Es un programa de estudios que tú mismo vas a ir aplicando. Confía en tu intuición y deja que tu voz interna te conduzca a los ejercicios que sean mejores para ti en este momento.

### Mensaje milagroso 86:

Conserva la simpleza. Ve despacio.
Sé el alumno feliz.

#MilagrosYa

# 87. CONFÍA EN TU SENSACIÓN VISCERAL

¿Sigue costándote tomar decisiones incluso después de practicar la prueba kinesiológica del principio 81? A veces nuestro ego trata de impedir que lleguemos a una conclusión honesta. También podemos quedarnos enganchados a las opiniones de otras personas. Aunque el test muscular te haya dado cierta claridad, es posible que tengas que aprender a confiar más en tu músculo intuitivo.

Este principio está diseñado para los escépticos obstinados que necesitan un poco más de energía en su proceso de toma de decisiones. Es un ejercicio muy simple, pero revela al instante tus verdaderos sentimientos sobre una materia. Practícalo cuando te sientas empantanado en la frustración e incapaz de decidir. Después de horas (o días) de dudar y analizar en exceso, este ejercicio rápido te aliviará y te permitirá avanzar.

Toma una moneda del monedero. Luego piensa en las dos opciones que barajas. Nombra a la opción número 1 cara y a la opción número 2, cruz. A continuación, lanza la moneda. Pregúntate cómo te sientes inmediatamente después de hacerlo.

¿Te sientes feliz y animado con el veredicto, o ansioso y atemorizado? ¿Cuál es tu reacción honesta a ese resultado?

Si te has tomado el ejercicio en serio, probablemente habrás tenido una importante comprensión intuitiva sobre lo que quieres o no quieres. El instante en el que sale cara o cruz es el momento de evaluar con honestidad cómo te sientes con ese resultado. Esa respuesta honesta es tu verdad. Es posible que te sorprenda. A veces pensamos que deberíamos desear cierto resultado por algún motivo (es más fácil, otros lo quieren, es más «como» nosotros, y así sucesivamente), de modo que resulta duro admitir que en realidad deseamos la otra opción. Tirar la moneda te permite dar mentalmente un paso atrás con respecto a la decisión y distanciarte de todo el parloteo analítico para poder reconocer tus propios instintos.

Usa esta herramienta cuando tengas dudas, y aprenderás a confiar en tu sensación visceral.

## Mensaje milagroso 87:

Confía en que tu reacción visceral es la verdad
que está debajo de tus miedos superficiales.

#MilagrosYa

# 88. CAMBIA DE ESTADO DE ÁNIMO CON UN RITUAL

Mi amiga Barbara Biziou es la reina de los rituales. ¡Tiene un ritual para cada cosa! Barbara dice: «Los rituales dan sustancia y significado a nuestras vidas, potencian las rutinas diarias, enriquecen los momentos destacados y nos guían en las transiciones difíciles». Cada vez que practico uno de los rituales de Barbara, me siento energizada, como si hubiera pulsado el botón para refrescar mi vida.

Hay un ritual concreto que me resulta beneficioso: el ritual para cambiar de energía. Esta práctica tan simple es capaz de modificar por completo y en un instante mi energía y mi estado de ánimo.

El ritual de Barbara para cambiar de energía va así:

Aplasta unos granos de pimienta negra en un cuenco y huélelos. La pimienta negra permite soltar la negatividad y protege de inmediato de las malas vibraciones al hacer más espacio en tu aura (el aura es el campo de energía luminosa que rodea a la criatura viva). También puedes usar aceite esencial puro de pimienta negra. Si quieres sentir más coraje, lleva un poco de pimienta en una bolsa: te ayudará a afrontar los retos y te dará energía extra para hacer lo que te cuesta hacer.

Toma unas cuantas respiraciones profundas con los ojos abiertos. Yérguete y echa los hombros hacia atrás respirando con la parte alta de los pulmones. Con los ojos mirando hacia arriba, toma unas cuantas respiraciones profundas y liberadoras. Esto pondrá tu cerebro en un estado de felicidad. Ahora cierra los ojos y baja la barbilla hasta quedarte sentado en una posición cómoda. Mientras tomas unas cuentas respiraciones profundas, imagina que puedes abrirte a la energía de la paz y la compasión. Imagina que la energía fluye a través de ti como agua cálida y aliviadora, disolviendo las duras barreras que has creado para proteger tu luz interna. Establece la intención de que solo se va a liberar lo que sea apropiado disolver en ese momento. La elección es tuya. Es como conectarse o enchufarse a una batería cósmica. Ábrete y permite que este campo de fuerza llene todo tu ser.

Ahora imagina que te rodea una capa de invisibilidad. A través de ella solo puede entrar energía buena y positiva, y ahora tú tienes la capacidad de compartir tu verdadera esencia con el mundo de forma segura. Sella esta energía quemando incienso de lavanda o flores secas de lavanda, o ungiéndote con aceite esencial puro de lavanda.

A los nuevos en los rituales, esto les puede parecer brujería. Pero, si estás plenamente decidido a potenciar tu energía, tómatelo en serio. Cuando te comprometes a practicar un ritual, emites el mensaje al Universo de que estás dispuesto a crecer y a cambiar. Confía en mí: esta declaración es escuchada. Aunque seas un cínico, prueba este ritual y nota los cambios milagrosos.

### Mensaje milagroso 88:

Los rituales cambian la energía y hacen una declaración positiva al Universo.

#MilagrosYa

# 89. HAZ DINERO Y OBRA MILAGROS

En medio de la recesión económica, el miedo y la inseguridad con respecto a la economía se disparan. Durante la gira de presentación de mi libro *May Cause Miracles* en 2013, hablé con muchas personas que se sentían estranguladas por el temor a no tener suficiente. Pero, incluso cuando la economía va bien, nuestros pensamientos habituales acerca del dinero pueden hacernos caer en el pánico. La única manera de superar el miedo es cambiar la percepción sobre nuestras finanzas.

La energía es como una divisa. Cuando tu energía tiene una esencia de abundancia, incrementas enormemente tu capacidad de recibir más abundancia. Yogi Bhajan lo expresó de un modo excelente: «Buscas la riqueza, la gloria y el glamur. Pero ellos correrán tras de ti si eres un canal abierto». Cuando abres tu canal y sueltas tus miedos, te das cuenta de que tú no eres tu mentalidad de carencia. Esta práctica te ayudará a activar tu capacidad creativa para recibir e intercambiar abundancia material.

Para empezar, declara tus temores sobre tu situación económica con honestidad. Exprésalos con firmeza en silencio o en voz alta, o anótalos. Cuando completes el inventario, el paso siguiente consiste en entregarlos por completo mediante una poderosa oración.

## Oración de la abundancia

«Gracias, Universo [o Dios], por ayudarme a reinterpretar mi relación con el dinero. Sé que mis pensamientos de carencia se basan en el miedo y estoy dispuesto a soltarlos ahora. Doy la bienvenida a la abundancia nueva y creativa, y prestaré atención a la guía que reciba. Estoy libre de los temores relacionados con mis finanzas».

A continuación siéntate en meditación y permite que se produzca el milagro. Puedes seguir la meditación guiada o descargar la meditación de la abundancia de Gabbyb.tv/Miracles-Now.

## Meditación de la abundancia

Toma una respiración profunda por la nariz y espira por la boca.

Con cada inspiración, expande el diafragma y, al espirar, contráelo hacia dentro y hacia arriba. Profundiza la respiración con cada inspiración y espiración.

Al inspirar, recita mentalmente este mantra: «Tengo suficiente».

Al espirar, di: «Estoy siendo cuidado».

Inspiración: «Sé que hay suficiente para todos».

Espiración: «Abandono mis temores con respecto a mi economía y doy la bienvenida al milagro».

Continúa con este mantra mientras inspiras y espiras. Deja que las palabras se asienten dentro de ti y confía en que estás siendo guiado a nuevas percepciones.

## Mensaje milagroso 89:

Doy la bienvenida a la abundancia y prestaré
atención a la guía que reciba.

#MilagrosYa

# 90. «"NO" ES UNA FRASE COMPLETA»

Mi querida amiga Latham Thomas, autora y oradora inspirada, tiene un dicho simple pero profundo que me resulta muy útil: «"No" es una frase completa». En ocasiones decir que no resulta duro, sobre todo cuando tienes miedo de decepcionar a alguien.

Aunque me enorgullezco de establecer mis límites personales con claridad, sigo encontrando el modo de meterme en situaciones complicadas en las que me siento incómoda al decir que no. Me ocurrió hace poco, cuando intentaba cerrar un trato comercial con unas personas que me gustan mucho. Durante meses de incontables conferencias, habían dado vueltas a los principales puntos del acuerdo y a las sutilezas legales. Después de todo ese esfuerzo, me sentí obligada a seguir adelante con el trato, aunque todo en mi ser me decía que no lo hiciera. Lógica y espiritualmente el acuerdo no parecía correcto. Las palabras de mi amiga Marie Forleo resonaron en mis oídos: «Si no es un sí total, es un no total».

Aunque tenía muy clara mi respuesta, la olvidé por completo en la siguiente conferencia que mantuve con el equipo. Mientras hablábamos, noté que me sentía nerviosa e incómoda ante la idea de decepcionarlos. Empecé a acoplarme a sus planes y, cuando colgamos el teléfono, yo seguía comprometida al cien por cien, aunque no quería estarlo.

¿Por qué me resultaba tan difícil decirles que no? Después de un rato de reflexión, tuve claro que aún me cuesta decepcionar a los demás. Como habíamos pasado tanto tiempo elaborando los detalles del trato, me sentía obligada.

Para superar esta incomodidad, me senté en el cojín de meditación y pedí a mi guía interno que me ayudara a avanzar. Después de unos minutos de quietud, oí la voz de mi amigo Latham en mi mente: «"No" es una frase completa». Mi guía interno me ayudaba a ver que podía sentirme segura negándome. Veinticuatro horas después, abandoné el trato.

A todos nos cuesta mucho usar la palabra «no» como frase completa. Buena parte de esta actitud surge de la tendencia a agradar a los demás y de la necesidad de aprobación. El trabajo consiste en reconocer que iniciar cualquier cosa que no esté alineada con nuestras creencias y verdades esenciales no funciona nunca. Cuando lo aceptamos, nos damos cuenta de que a menudo «no» es la respuesta más amorosa.

A veces las otras personas se resistirán a tu «no» y los manipuladores harán lo que sea necesario para convertirlo en un «sí» Tenlo en cuenta y confía en que, cuanto más ejercites la palabra «no» más se convertirá en tu segunda naturaleza.

Para empezar esta práctica, haz inventario de las áreas de tu vida en las que estás diciendo que sí cuando en realidad quieres decir que no. Haz una lista de todas las formas en las que evitas decir que no y luego describe con claridad cómo afecta esto a tus relaciones y a tu felicidad. Estas preguntas te permitirán ponerte en marcha:

- ¿En qué casos evito decir que no?
- ¿Cómo me afecta este comportamiento?
- ¿Cómo afecta este comportamiento a las demás personas involucradas?
- ¿Cómo me habría ayudado a mí mismo y habría ayudado a las demás personas involucradas mi negativa?

Ahora que tienes más claridad, el paso siguiente es empezar a ejercitar tu «no». Como el resto de las herramientas de este libro, esta nueva conducta requiere repetición. En lugar de intentar averiguar cómo decir que no de un modo perfecto, basta con adquirir el hábito, aunque al principio resulte incómodo. Empezar una nueva costumbre puede parecer extraño y atemorizante, pero no importa. A veces la mejor manera de superar el miedo es empezar a actuar. Cuanto más confiado te sientas diciendo que no, más te lo agradecerá la gente.

## Mensaje milagroso 90:

### «"No" es una frase completa.»

LATHAM THOMAS

#MilagrosYa

# 91. MEDITACIÓN PARA LA MEMORIA

¿Te parece que a veces tienes poca memoria? Si te quedas en blanco una y otra vez, puede ser resultado del estrés o de una sobrecarga de información. La privación del sueño también daña la memoria. Dado que nuestros horarios de actividades son tan prolongados, no es de extrañar que a menudo sintamos que nos estamos volviendo locos.

Perder la memoria da miedo, pero es un proceso que puedes invertir con rapidez. La principal causa de la pérdida de memoria en las personas sanas es el estrés. Por lo tanto, reducirlo es la mejor manera de potenciar la memoria y la salud cerebral. El modo más eficaz de enterrar el estrés y recuperar la vitalidad del cerebro es meditar. Según un estudio realizado por los investigadores del Benson-Henry Institute for Mind Body Medicine, del hospital general de Massachusetts, la meditación desactiva los genes activados por el estrés, y así fortalece el funcionamiento cerebral y la salud en general.

Muchas meditaciones *kundalini* se orientan a fortalecer la función cerebral. Una de ellas recibe el nombre de Kirtan Kriya. Según numerosos test y escáneres cerebrales, Kirtan Kriya tiene efectos increíbles sobre el cerebro. En uno de los estudios, los participantes que meditaron doce minutos al día durante ocho semanas experimentaron una notable mejora de su claridad mental, y hasta el cincuenta por ciento también mejoró su memoria.

En sánscrito *kirtan* significa 'canción', y en *kundalini* yoga la palabra *kriya* hace referencia a un conjunto de movimientos.

Practicar esta *kriya* es como meditar cantando. Kirtan Kriya requiere la repetición de cuatro sonidos: *Saa, Taa, Naa, Maa*. Este mantra está diseñado para elevar tu vibración.

- *Saa* significa 'nacimiento o infinitud'.
- *Taa* significa 'vida'.
- *Naa* significa 'muerte o compleción'.
- *Maa* significa 'renacimiento'.

Mientras emitas estos sonidos, toca con el pulgar tu dedo índice (mientras dices *Saa*), tu dedo corazón *(Taa)*, el anular *(Naa)* y el meñique *(Maa)*.

Siéntate en el suelo o en una silla con la columna erguida. Deja que las manos descansen sobre las rodillas con las palmas hacia arriba. Canta las sílabas *Saa, Taa, Naa, Maa* alargando el final de cada sonido a medida que los repites.

Practica esta meditación de la manera siguiente:

- En voz alta durante dos minutos.
- Susurrando durante dos minutos.
- En silencio durante dos minutos.
- Susurrando durante dos minutos.
- En voz alta durante dos minutos.

Puedes practicarla durante entre uno y doce minutos. Practicar Kirtan Kriya doce minutos al día también mejora las funciones cognitivas y activa partes del cerebro esenciales para la memoria.

Es hora de dar un descanso al cerebro para que pueda recuperarse del impacto de los estímulos. Es importante que ejercitemos el cerebro igual que hacemos con los músculos. Usa esta *kriya* si sientes el cerebro agotado y necesitas reiniciarlo. Si esta meditación funciona para ti, prueba a practicarla durante cuarenta días y presta atención a tu memoria y a tus habilidades motoras en general.

## Mensaje milagroso 91:

Es importante ejercitar el cerebro tal como ejercitamos el cuerpo.

#MilagrosYa

# 92. DATE PERMISO PARA SENTIR

La mayoría de nuestros problemas surgen de sentimientos que no hemos procesado. Debajo de cada creencia limitante, hábito negativo, pensamiento de ataque o temor vive un sentimiento que no ha salido a la superficie para ser sanado. En lugar de sentir esos sentimientos, trabajamos mucho para anestesiarlos. Comemos, bebemos y trabajamos en exceso para no sentir; acallamos los sentimientos con drogas, con chismes, nos quejamos de ellos, y mucho más. Con el tiempo, estas técnicas de insensibilización se convierten en adicciones. Entonces nos obsesionamos con el hábito adictivo, en lugar de llegar a la causa de ese estado, que es el dolor no expresado.

En muchos casos las personas no son conscientes de que no sienten sus sentimientos. Como adicta a las drogas en recuperación, he experimentado este proceso de primera mano. Durante el primer año que permanecí sobria, sentí sentimientos cuya existencia desconocía. Durante la mayor parte de mi adolescencia usé algún tipo de adicción para tapar lo que tanto temía sentir. Desde mi vida de pareja hasta mi carrera profesional, las drogas o el alcohol, usaba cualquier cosa para evitar mis sentimientos.

Cuando me quedé limpia, lo único que tenía eran mis sentimientos. Era intenso sentir tanto y tan rápido, pero ese proceso también fue la mayor sanación que he experimentado nunca. Al darme permiso para sentir, empecé a vivir con libertad. Ya no dependía de mecanismos externos que me insensibilizaran para reprimir los temidos sentimientos. Aprendí que sentir es seguro.

Mi *coach,* Rha Goddess, me enseñó que podía darme permiso para sentir mis sentimientos. Rha me ayudó a reconocer que debajo de mi comportamiento adictivo había un sentimiento de miedo e inadecuación. También me ayudó a describirlo. Con su guía fui capaz de explicarle que el sentimiento estaba en el fondo de mi pecho como una apretada bola de hilo gris, toda embarullada. Esta descripción me ayudó mucho. Rha continuó enseñándome a sentir ese sentimiento en mi pecho cuando notaba que empezaba a surgir. Me sugirió que, si mantenía mi atención en él durante noventa segundos, podría cambiar de manera natural. Tenía razón. Cada vez que surgía el sentimiento, tenía el impulso de recurrir al hábito adictivo. Pero elegí sentirlo por completo. Al poder presenciar honestamente el sentimiento, fui capaz de permitir que me atravesara con naturalidad. Por fin era libre.

Esta práctica cambió mi vida para siempre. Me enseñó que era seguro experimentar los sentimientos de etapas anteriores de mi vida. Y después de honrarlos con sinceridad, pude dejarlos ir. Y como ya no temía sentir, tampoco tenía que escapar del miedo. Podía estar presente en la experiencia del momento.

Tú también puedes liberarte de los hábitos negativos sintiendo de verdad los sentimientos que habitan debajo de ellos. Comienza esta práctica ahora mismo. La próxima vez que te sientas atrapado en una experiencia temerosa o en un hábito adictivo, tómate un momento para sentir ese sentimiento en el cuerpo. Descríbelo en detalle (un nudo tenso y acerado en el estómago, una tensión helada en la mandíbula, una vibración penetrante en el pecho) para poder identificarlo cuando surja. A continuación tómate noventa segundos para inspirar y espirar con profundidad, permitiéndote experimentar ese sentimiento hasta el fondo. No lo niegues ni lo empujes hacia abajo. Debes estar presente con él. Transcurridos noventa segundos, observa el cambio en tu cuerpo, en tu mente y en tus acciones.

Practica esta herramienta con tanta frecuencia como puedas y experimentarás un cambio milagroso.

## Mensaje milagroso 92:

Sentir tus sentimientos te libera.

#MilagrosYa

# 93. MEDITA CON UN *MALA*

Al llegar a este punto del libro, ¡tu mentalidad milagrosa ya está activada! Una vez integradas todas estas asombrosas técnicas, es probable que estés preparado para una meditación profunda. Una herramienta fabulosa para potenciar tu práctica de meditación es el *mala*, un collar de cuentas que se usa para rezar. Cada *mala* tiene ciento ocho cuentas (a veces tienen cincuenta cuatro, o veintisiete, u otro múltiplo de nueve). Las cuentas están espaciadas de manera regular sobre un hilo de seda, y una gran cuenta (la cuenta gurú) ata el *mala*, que también tiene una borla adosada. La borla representa el loto de los mil pétalos.

Meditar con un *mala* es una experiencia maravillosa. Este ejercicio aúna muchas de las prácticas *kundalini* en una meditación: *naad* yoga (la recitación de sonidos sagrados), terapia con gemas, acupresión y una profunda meditación contemplativa.

Si te sientes preparado para ahondar en tu práctica meditativa, incorpora el *mala* hoy mismo. Te voy a enseñar a usarlo.

Para empezar, vamos a emplear un mantra con el que ya estás familiarizado: *Saa, Taa, Naa, Maa*. Puedes sostener el *mala* en cualquier mano, por la cuenta que sigue inmediatamente a la cuenta gurú. A continuación recita el mantra *Saa, Taa, Naa, Maa*, mientras sostienes cada cuenta entre el pulgar y uno de los demás dedos, pasando de una cuenta a la siguiente con cada sonido. Pasa cada cuenta con el pulgar sobre el otro dedo mientras recitas el mantra. Cuando llegues a la cuenta gurú, reza una oración especial y vuelve a empezar.

Al poner los distintos dedos debajo de las cuentas estimulas meridianos que afectan a distintas partes del cerebro. Cuando presionas las cuentas contra el punto meridiano de tu dedo, puedes experimentar ciertos resultados. Cada meridiano pasa por el lateral de cada dedo, entre el punto central y el nudillo superior. Veamos lo que estimula cada punto meridiano:

Dedo índice (dedo de Júpiter): Sabiduría, conocimiento, prosperidad.

Dedo medio (dedo de Saturno): Paciencia.

Dedo anular (dedo del Sol): Salud, vitalidad, un sistema nervioso fuerte.

Dedo meñique (dedo de Mercurio): Comunicación, inteligencia.

Elige el punto meridiano con el que desees trabajar y comienza a meditar con el *mala* hoy mismo. Has de saber que esta meditación te ayudará a ahondar tu conciencia espiritual y potenciará tu capacidad de aquietamiento. Relájate, céntrate ¡y disfruta!

### Mensaje milagroso 93:

La meditación con el *mala* profundiza
mi conciencia.

#MilagrosYa

# 94. CONVERSA CON EL UNIVERSO

Yogi Bhajan dijo: «Orar es hablar con Dios. Meditar es dejar que Dios te hable». Cuando era una adolescente atrapada en una crisis existencial, recurrí a la meditación para soltar mis temores y reconectar con la paz. En medio de la drogadicción, usé la meditación para encontrar el camino de vuelta a la verdad. Hoy, como adicta al espíritu, la empleo para recibir dirección e inspiración de Dios. A algunos de vosotros escuchar a Dios puede pareceros un concepto un poco «volado», sobre todo si no sois religiosos u os declaráis ateos. Pero, como ya sabéis a estas alturas, creo profundamente que es muy importante que cada cual conciba a Dios de una manera comprensible para él o ella. Creo que Dios es la fuerza divina del amor que vive en todas las cosas. Esa fuerza puede guiarnos y comunicar a través de nosotros cuando estamos aquietados. En la quietud podemos recibir humildemente la Buena Dirección Ordenada[9] de nuestra amorosa voz interna.

Pasar tiempo en quietud, dejando que Dios te hable, es la mayor fuente de fuerza en estos tiempos tumultuosos. Yo soy testigo del poder de la meditación. De ningún modo he renunciado al mundo para desarrollar mi práctica espiritual. De hecho, he abrazado plenamente el mundo. Pero, para equilibrar el carácter indómito del mundo externo, debemos activar nuestro

---

9. En el original las primeras letras de Buena Dirección Ordenada forman el acrónimo GOD: Dios. *(N. del T.)*

mundo interno. De este modo seremos guiados por el amor en lugar de por el ego.

A estas alturas ya no debes de ser un novato en el tema de la meditación. (Si lo eres, genial. Puedes empezar a practicar ahora mismo.) Es probable que hayas meditado en algunas ocasiones, y también que hayas establecido una práctica de meditación regular usando las anteriores meditaciones que se ofrecen en este libro. De modo que ya me entiendes cuando digo que una de las mejores maneras de dejar la dirección al amor es practicar la meditación. Lo que sigue es una meditación *kundalini* que nos ayuda a profundizar la conexión con Dios y a fortalecer el vínculo con el poder interno. Está dirigida a conocer la experiencia de Dios. Así es como va:

Siéntate en la postura fácil con la columna erguida.

Ponte las manos sobre el regazo, con las puntas de los pulgares tocando los dedos anulares. Este es el *surya mudra*, tal como se ve en la imagen. *Surya* significa 'sol'; este *mudra* fomenta la energía, la salud y la intuición.

Respira profundamente a tu propio ritmo. A lo largo de esta meditación establece la intención de comunicarte con el Universo. Da la bienvenida a la voz de la inspiración para que te inunde y fluya a través de ti.

Te sugiero que escuches el mantra *Rakhe Rakhanhar* mientras permaneces sentado en la quietud. Ofrece protección contra las fuerzas negativas que podrían obstaculizar tu camino para comunicarte con el Universo con claridad. Puedes descargar la canción en Gabbyb.tv/Miracles-Now.

Practica esta meditación todo el tiempo que quieras, aunque se sugiere hacerlo durante once minutos. Si te resulta duro permanecer sentado y aquietado tanto tiempo, empieza por un minuto y ve aumentando.

He experimentado muchos beneficios con esta meditación. Ha potenciado mi intuición y acelerado las sincronicidades. La guía que necesito recibir me llega con más claridad. Practiqué esta meditación durante algún tiempo cuando Mercurio estaba retrógrado. Esta fase astrológica puede resultar difícil para la comunicación, pero mediante el uso de esta meditación deshice la confusión y pude comunicar mis pensamientos y deseos con nitidez.

Usa esta meditación para fomentar tu comunicación con el Universo, con tu sistema de guía interno y con el mundo.

## Mensaje milagroso 94:

«Orar es hablar con Dios. Meditar es dejar
que Dios te hable.»

YOGI BHAJAN

#MilagrosYa

# 95. NO NECESITAS ENCONTRAR TU PROPÓSITO. TU PROPÓSITO TE ENCONTRARÁ A TI

A menudo escucho a personas quejarse de que no saben cuál es su propósito. Se sienten confusas, desconectadas, no tocan tierra. ¿Te suena familiar? Despertar cada mañana sin un propósito resulta frustrante. En muchos casos veo a personas esforzarse y controlar sus acciones para demostrar su valor, poder y utilidad a sí mismas y al mundo. El ego nos hace creer que nuestro propósito está fuera de nosotros, escondido detrás de una credencial, de un título laboral o de una misión altruista. La búsqueda externa de un propósito conlleva un gran torbellino interno. Cuando buscamos el propósito en significantes externos, a menudo nos sentimos vacíos o decepcionados.

He llegado a comprender que en realidad uno no debe salir para encontrar su propósito. Más bien, el propósito te encuentra a ti. Cuando seguimos un camino espiritual y vamos pelando las capas del ego que hemos construido para ocultar nuestra verdad interna, empezamos a encontrar lo que buscábamos. Descubrimos lo que es verdadero y real para nosotros. En ese espacio de verdad empezamos a recibir guía. Algunos se sienten guiados a servir al mundo a través de su carrera profesional. Otros, a traer hijos al mundo. Otros son guiados a realizar actos radicales de perdón. No importa hacia qué acción te sientas guiado; lo único importante es que, de algún modo, tu intención sea llevar más amor al mundo. Cuando te mueves con el amor, vives con propósito.

La próxima vez que te obsesiones con la idea de «encontrar tu propósito» recuérdate que no tienes que encontrar nada. Permanece en tu camino espiritual y confía en que el propósito te encontrará a ti. Confía en que lo único que necesitas es crecimiento espiritual y conciencia interna. La Buena Dirección Ordenada se mueve hacia el propósito amoroso de tu vida. Sé paciente y comprométete a vivir en el amor y a dirigir con verdad.

## Mensaje milagroso 95:

No necesitas encontrar tu propósito.
Tu propósito te encontrará a ti.

#MilagrosYa

# 96. TUS OJOS VERÁN
# LO QUE DESEES

Cada ejercicio de este libro está diseñado para ayudarte a recalibrar tu energía y reencuadrar tus pensamientos, de modo que el Universo pueda reorganizar tu vida. Es posible que no te sientas del todo cómodo con la idea de que tus pensamientos y energía crean tu realidad. Sin embargo, si te has tomado estos principios en serio, habrás experimentado cambios positivos, tanto internos como externos. Cada cambio es un milagro. Deja que estos cambios sutiles te inspiren para tener más fe en el poder de tus deseos.

Con esta nueva comprensión de cómo tus pensamientos y energía afectan a tu vida, es hora de cocrear tu realidad. Cuanto mejor entiendas cómo se mueve la energía, más fácil te resultará cambiar tus circunstancias al instante. Te pondré un ejemplo. Una mañana estaba en un taxi con una amiga. Me dirigía a otra parte de la ciudad para una reunión y ella iba a trabajar. Podía sentir que su energía estaba baja y parecía un poco deprimida. Su baja vibración me estaba afectando. Cuando le pregunté qué le pasaba, me explicó que se sentía mal por tener que ir a trabajar. Se sentía irritada por el calor del verano y su interminable lista de cosas por hacer. Entonces le pregunté si le gustaría reencuadrar su experiencia y tratar de cambiar de estado de ánimo. Esbozó una media sonrisa y dijo: «Sí, por favor». Yo la ayudé a ver lo bendecida que estaba y a enfocarse en todo lo que tenía a su favor. En un minuto salió de la actitud negativa y se reenergizó.

Más tarde, ese mismo día, me envió un mensaje: «¡Gracias por salvarme el día!».

«Tus ojos verán lo que tú desees» respondí.

Todos podemos usar más a menudo este delicado recordatorio. Con frecuencia experimentamos lo que deseamos experimentar, al margen de las circunstancias externas. En el caso de mi amiga, nada externo cambió. Seguía haciendo calor, seguía teniendo una larga lista de cosas por hacer y seguía yendo a trabajar. Lo único que cambió fue su deseo de ver felicidad en lugar de negatividad. Eso es un milagro.

En este punto de la práctica como obrador de milagros, ya estás preparado para crear proactivamente más cambios en tu vida. Comienza ahora. ¿En qué piensas? ¿Qué sientes? ¿Cómo influyen tus pensamientos y sentimientos en tu actual situación? Si tus pensamientos y tu energía son positivos, pregúntate cómo puedes hacer que sean aún más asombrosos. Si tus pensamientos y energía se están afectando negativamente, comienza el proceso de reencuadre. Desea algo diferente. Elige ver lo positivo, céntrate en la gratitud y ábrete a una nueva perspectiva. Cuando te pilles atrapado en una historia negativa, haz este ejercicio de reencuadre para ti mismo. Reorienta tus pensamientos hacia lo que funciona, lo positivo y lo que fluye en tu vida. Cuando te enfocas en lo que fluye, fluyes con ello.

Responsabilízate de tu propia felicidad. Es un regalo que te haces a ti mismo y a todos los que te rodean. Cuanto más feliz eres, más positividad llevas al mundo.

## Mensaje milagroso 96:

### Tus ojos verán lo que desees.

#MilagrosYa

# 97. RESPIRA COMO UN PERRO Y POTENCIA TU SISTEMA INMUNITARIO

¿Ha captado tu atención este título? Tal vez te rías al imaginar un perro labrador, pero te prometo que esto no es un chiste. Voy a presentarte una poderosa meditación *kundalini* que te ayudará a potenciar tu sistema inmunitario respirando como un perro. Es tu responsabilidad cuidar de tu sistema inmunitario para poder disfrutar de la vida y compartir tu alegría con el mundo. Practica esta meditación cuando sientas que tu constitución se debilita; también puedes ejercitarla cada día para preservar tu salud general.

Así es como funciona.

Siéntate en la postura fácil, presionando la barbilla y el pecho hacia fuera. Saca la lengua todo lo que puedas y respira con rapidez por la boca, manteniendo la lengua fuera en todo momento. Se la llama «respiración del perro». Practícala entre tres y cinco minutos.

Para acabar la meditación, inspira y contén el aliento quince segundos mientras presionas con fuerza la lengua contra el paladar blando. Repite esta respiración de cierre dos veces más.

Es un ejercicio poderoso. Si sientes un cosquilleo en los dedos de los pies, en los muslos o en la parte baja de la espalda, es una señal segura de que lo estás haciendo correctamente.

La salud es vital para la felicidad y la realización. Usa esta meditación para alejar infecciones y conservar fuerte tu sistema inmunitario.

# Mensaje milagroso 97:

Tu salud es vital para tu felicidad y realización.

#MilagrosYa

# 98. RESTRINGE LA PLUMA
# Y LA LENGUA

¿Has vivido alguno de esos momentos en los que te gustaría borrar un *email* que acabas de enviar o rebobinar una conversación que acabas de tener? Cuando reaccionamos demasiado rápido, cortamos la conexión con el sistema de guía interno y la reacción viene del ego. Tanto si respondemos con una actitud desagradable como si nos enfadamos o simplemente hablamos de más, nunca es conveniente replicar con rapidez.

Bill Wilson, el cofundador de Alcohólicos Anónimos, dijo: «No hay nada que recompense tanto como restringir la pluma y la lengua». Esta sugerencia me ha salvado en incontables ocasiones. Yo solía ser reactiva, y eso no me funcionaba bien. Responder basándome en el primer impulso hacía que acabara lamentándome y complicaba todavía más cualquier problema con el que tuviera que lidiar. Aunque fue difícil al principio, aprender a restringir la pluma y la lengua se convirtió en una bendición en mi vida y me salvó de muchos problemas innecesarios.

Si tú también tiendes a actuar reactivamente, te sugiero que pruebes esta herramienta. La próxima vez que quieras reaccionar con rapidez a la situación, toma tres respiraciones largas y profundas. Usa la respiración yóguica y lleva el aire hacia el diafragma, expandiendo la parte posterior de la caja torácica. Permite que el diafragma se contraiga con la espiración. Tomarse unos minutos para enfocarse en la respiración disipa la carga emocional que alimenta esa reacción fogosa y despeja la mente.

Cuando acabes las tres respiraciones, pregúntate: «¿Cuál es la respuesta más amorosa?». Tómate un momento para permitir que tu inspiración hable y te guíe. En un instante puedes recibir guía de una vibración superior que puede salvarte de muchos problemas desagradables e innecesarios. Cuando concluya esa intervención personal, dite a ti mismo: «Elijo restringir la pluma y la lengua».

## Mensaje milagroso 98:

«No hay nada que recompense tanto como restringir la pluma y la lengua.»

BILL WILSON

#MilagrosYa

# 99. DEJA DE OBSESIONARTE

Resulta fácil sentirse reactivo cuando se tuerce un programa planeado con cuidado. El ego se apega a ciertos resultados y circunstancias: desea desesperadamente que tu relación dure, que tu empleo sea siempre seguro; e incluso puede obsesionarse con algo tan trivial como que el sol brille, lo que significa que un día nublado podría arruinarlo todo. El ego procura controlar todos los resultados, incluso los que no dependen de ti y no puedes cambiar. Esta necesidad de controlar es un factor muy estresante en la vida, y afectará a tu bienestar y a tu felicidad.

Algunas personas están tan consumidas por la necesidad de controlar los resultados que sus pensamientos obsesivos las paralizan. Por ejemplo, hay quien se obsesiona con los planes de viaje meses antes de viajar. Otros se asustan ante el posible resultado de una relación, aunque vaya bien. Yo, que soy una obsesiva de la recuperación, estoy muy familiarizada con este hábito. Antes solía obsesionarme hasta el agotamiento. Vivía en un estado de desconfianza constante. Creía que, si no controlaba una situación, no saldría como yo quería. Paradójicamente, mi conducta controladora impedía que se produjeran los resultados deseados. Mi energía frenética y controladora atemorizaba. Si te pasas los días (y las noches; también puedes obsesionarte en sueños) obsesionado con los resultados, es el momento de redirigir tu energía.

Cuando somos muy controladores, estamos desalineados con nuestro espíritu y nos centramos únicamente en lo que podemos hacer como cuerpos individuales. Tratamos de controlar los resultados porque tenemos miedo de que, si no hacemos que ocurran las cosas, nadie lo hará. Si este sentimiento te impregna, es una señal segura de que no confías en la energía del Universo. Cada ejercicio de este libro te ha guiado a su manera para conectar con la energía omnipresente del Universo, la energía que sustenta cada uno de tus movimientos. Es posible conectar con esa energía a través de intenciones, de la oración, de la meditación y de las acciones orientadas hacia el servicio a los demás. Esa energía es tu verdadero poder cuando te sientes impotente. La clave para abandonar la necesidad de controlar es aceptar que un poder mayor que tú opera en tu nombre para apoyarte. El siguiente paso es conectar conscientemente con ese poder a través de tus pensamientos, oraciones e intenciones.

Para devolverte al circuito de la energía universal, usa una asombrosa herramienta que te ayudará a renunciar a la necesidad de controlar. Haz una lista de todas las cosas que intentas controlar. Junto a cada elemento de la lista, escribe: «No tengo poder sobre esta situación y la pongo en manos del Universo». Llévala contigo. Cuando notes que te obsesionas, saca la lista como recordatorio de tu incapacidad y de que tienes la oportunidad de entregarlo. Déjame ser muy clara: no sugiero que no domines tus acciones. Pero, una vez que has hecho tus movimientos, es el momento de renunciar al resultado. Apóyate en la lista tan a menudo como puedas para cambiar tu energía del momento. La simple intención de rendir el control es lo único que necesitas para experimentar milagros.

## Mensaje milagroso 99:

La simple intención de rendir el control es todo
lo que necesitas para experimentar milagros.

#MilagrosYa

# 100. RECUPERA ENERGÍA CUANDO VAYAS CORTO DE SUEÑO

En los ejercicios anteriores he compartido cómo creo que ha de ser una práctica espiritual. Dado el carácter ajetreado de la vida, a veces no podemos dormir todo lo que el cuerpo necesita. Cuando promociono un libro suelo funcionar con la mitad del sueño habitual. Por lo tanto, tengo que encontrar herramientas para recalibrar mi energía y mantenerme alerta, inspirada y vibrante. Durante la gira promocional de *May Cause Miracles,* usé una increíble *asana* (postura) de *kundalini* yoga como sustituta del sueño. Yogi Bhajan enseñó que hacer el pino sobre los hombros durante quince minutos es equiparable a dos horas de sueño, porque relaja el cuerpo a fondo. Aunque esta postura no puede sustituir al sueño a largo plazo, es un buen sustituto en una ocasión puntual.

Para hacer el pino sobre los hombros, túmbate de espaldas y pon la columna y las piernas en posición vertical, apoyando el trasero sobre los brazos. Tus hombros y codos sostienen el peso del cuerpo (pon las piernas tan verticales como puedas y asegúrate de que todo tu peso recaiga sobre los hombros y no sobre el cuello). Si esta postura te resulta difícil, practica otra postura invertida. Ponte un cojín o un par de mantas dobladas debajo de la parte baja de la espalda, eleva las piernas en vertical y apóyalas contra una pared. Descansa en cualquiera de estas posiciones todo el tiempo que puedas, respirando profundamente por la nariz. Empieza con un minuto y luego ve aumentando hasta quince.

Si te cuesta quedarte dormido por la noche, tengo otra herramienta *kundalini* que me ha ayudado mucho. Una vez tumbado con la espalda sobre la cama, mantén los talones sobre esta mientras tomas respiraciones largas y profundas por la nariz. Con la inspiración, estira los dedos de los pies hacia la cabeza mientras cantas mentalmente *Sat*. Con la espiración, estira los dedos y canta mentalmente *Nam*. Practícalo durante tres minutos. Pronto te quedarás dormido.

## Mensaje milagroso 100:

Quince minutos de hacer el pino sobre los hombros son equiparables a dos horas de sueño.

#MilagrosYa

# 101. VIVE EN UNA ZONA LIBRE DE JUICIO

¿Has pasado alguna vez un día sin juzgar? Yo, por ejemplo, no puedo decir que lo haya hecho. Aunque no me considero muy juzgadora, me pillo juzgando a lo largo del día: a mí misma, a las personas que conozco y a las que no conozco. *Un curso de milagros* dice: «El ego no puede sobrevivir sin juicio».

El juicio crea separación. Desde la perspectiva del *Curso*, la separación se produce cuando desconectamos de la unicidad. El juicio refuerza la ilusión de que estamos separados de los demás, y la separación nos hace sentir más o menos especiales que otros. La ilusión de ser especial genera negatividad en las relaciones. Cuando nos juzgamos a nosotros mismos, inferimos que somos menos que los demás, inferiores en algún sentido (o en todos los sentidos). Cuando juzgamos a los demás, sugerimos que ellos son «menos que». El juicio y la separación nos hacen sentir fatal. Nos sentimos aislados, competitivos y desconfiados. Dedicamos mucho tiempo y energía a comparar y atacar. Y lo peor de todo: el juicio engendra más juicio para mantener viva la ilusión de separación. Es un círculo vicioso.

El *Curso* dice: «El ego trata de dividir y separar. El espíritu busca unificar y sanar». Aunque el juicio puede ser nuestra elección por defecto, la unidad es nuestra verdad. En cuanto soltamos el juicio, la unidad se restaura. Cada cambio del juicio a la unidad es un milagro.

El hábito de juzgar no desaparece de manera inmediata. Yo sigo luchando contra él a diario, aunque es lo opuesto de lo que creo. Tu compromiso de ver amor es lo único que importa. Cuando sientas el deseo de reconectar con la verdad interna, puedes empezar con una afirmación del «Libro de ejercicios» del *Curso*. Cada vez que te pilles juzgando a otros o a ti mismo, di: «Puedo escapar del mundo que veo renunciando a los pensamientos de ataque». Esta afirmación es un recordatorio de que, cuando abandonas un pensamiento de ataque, puedes reconectar de inmediato con el amor. Usa esta práctica a diario y deja que elegir el amor en lugar del juicio se convierta en un nuevo hábito.

## Mensaje milagroso 101:

Puedo escapar del mundo que veo renunciando
a los pensamientos de ataque.

#MilagrosYa

## 102. CUANDO TENGAS DUDAS, DESPLIEGA TODA LA ESCENA

Al principio es duro cambiar un mal hábito. El verdadero cambio exige compromiso y repetición del nuevo comportamiento. Mientras estemos en el proceso de adoptar una nueva conducta, habrá muchos momentos en los que el ego intentará que lo dejemos. Por ejemplo, en mi primer año sin tomar café me sentía tentada cada vez que pasaba al lado de una cafetería e inspiraba el aroma de los granos recién tostados. Estas tentaciones diarias me llevaron a vivir muchos momentos en los que contemplaba la posibilidad de comprar una taza humeante. Mi adicción al café superaba con mucho mi fuerza de voluntad.

Finalmente, el deseo de tomar una taza de café se hizo tan fuerte que me hallaba a pocos segundos de recaer. Para protegerme de volver a un hábito que ya no me servía, empleé una técnica para pensar mi camino de vuelta a la cordura. Cuando me pillaba a mí misma a punto de entrar en una cafetería, desplegaba en mi mente cómo iba a ser la situación. En primer lugar me veía bebiendo el café. Después me veía tan excitada por la cafeína que apenas podía comunicarme con la gente porque estaba en fase maníaca. A continuación me imaginaba media hora después, en pleno desplome poscafeína. Mi energía colapsaba y me sentía catatónica el resto del día. Además, me dolían el estómago y la cabeza, y era totalmente improductiva. Este era el día típico para mí cuando tomaba café. Desplegar la escena me resultaba fácil porque me era muy familiar. A los tres minutos de visualizar las desagradables consecuencias, podía alejarme fácilmente de la cafetería y dirigirme al bar de zumos.

El ego borra con astucia la verdadera causa de los cambios positivos que hacemos. Por eso resulta tan fácil recaer en los viejos hábitos. Empezamos a darnos permiso para volver y perdemos de vista por qué dejamos de hacerlo. Desplegar mentalmente la situación te resultará muy útil cuando estés a punto de caer en un comportamiento antiguo. Tal vez estés por prepararte una copa después de mantenerte sobrio durante noventa días, o tal vez estés a punto de enviar un mensaje a un amante que sabes que es muy malo para ti. Cualquiera que sea el problema, cuando tengas dudas, despliega la escena. Recorre con la mente la totalidad de la historia. No solo la parte divertida, cuando te sientes bien con la marcha que te da la cafeína o el sopor que te produce la cerveza. Despliega la historia hasta el final, cuando te sientes hundido y quemado. Tu honestidad y tu buena voluntad de recordar la realidad te salvarán cuando quieras volver al viejo hábito.

## Mensaje milagroso 102:

### Cuando tengas dudas, despliega toda la escena.

#MilagrosYa

# 103. ¿CÓMO VIVIRÍAS SI SUPIERAS QUE ERES GUIADO?

Buena parte de la ansiedad, el estrés y el torbellino que experimentamos viene de nuestra falta de fe en el Universo. Creemos que debemos hacer que las cosas ocurran y planear cada detalle para sentirnos seguros. Vivimos controlados por los resultados y los planes de futuro. Hay momentos pasajeros en que reconectamos con el flujo del Universo, como cuando estamos serenos sobre el cojín de meditación, contemplamos un lago en calma durante un paseo o sudamos en clase de yoga. Esos instantes evanescentes de conexión nos recuerdan nuestra verdad. Pero ¿cómo sería la vida si siempre recordáramos que somos guiados? ¿En qué sentido sería diferente?

Para completar este ejercicio sugiero que crees una declaración de la visión. En la parte alta de la página de un cuaderno, escribe: «¿Cómo sería mi vida si supiera que siempre soy guiado?». Luego dedica cinco minutos a responder. Ponte una alarma y permítete asociar ideas libremente. Abandona todos los temores y los pensamientos de pequeñez. Entrégate a los pensamientos creativos e imagina cómo sería tu vida si supieras que siempre eres guiado. Deja que fluya tu pluma.

Cuando suene la alarma, lee lo que has escrito e inspira los sentimientos que surgen mientras lo lees. ¿Tienes sentimientos de incredulidad? ¿O sientes de forma intuitiva que así es como debería ser la vida? Si sientes la mínima sensación de paz después de leer tu declaración de la visión, estás conectando con tu verdad. Hay algo dentro de cada uno de nosotros que cree de verdad que somos guiados. El ego trabaja duramente a cada momento del día para mantenernos desconectados de esa verdad. Nuestro trabajo es desaprender el temor del ego y ser fieles a nuestra verdad.

Deja que tu declaración de la visión te recuerde que siempre eres guiado, aun en tiempos duros. En los momentos en que no ves un resultado positivo para la experiencia que estás teniendo, es imperativo que confíes en el Universo. Tu confianza y tu fe te ofrecen una oportunidad de aprender, crecer y sanar. Solemos contemplar los tiempos duros como un castigo del Universo, o decidimos perder la fe en Dios y en el amor. Pero en los momentos difíciles es cuando necesitamos más fe que nunca. Tal vez pases por un divorcio, vivas una enfermedad o te esfuerces por tomar una decisión importante. Cualesquiera que sean tus circunstancias, ahora puedes decidir creer que eres guiado en todo momento. Cuando aceptas esto, puedes vivir libre y feliz de verdad. La auténtica libertad proviene de saber que el Universo te cubre las espaldas.

Usa lo que has escrito en tu declaración de libertad para volver a ello cuando tengas dudas. Será un poderoso recordatorio de tu conexión con el Universo y de la presencia energética que siempre te sustenta.

### Mensaje milagroso 103:

Tu felicidad puede medirse por el nivel
de tu fe en el amor.

#MilagrosYa

# 104. AFRONTA LA VERDAD

Por más que tratemos de evitar la verdad, el Universo siempre nos mostrará lo que es real. Mi querida amiga Danielle dice: «Es posible que no queramos afrontar la verdad, pero no podemos estar en el camino espiritual sin que nos pongan la verdad delante de la cara». Tiene razón. Cuando nos embarcamos en el viaje espiritual, tomamos más conciencia de la sensación que nos produce la evitación de la verdad.

La verdad siempre acaba saliendo, y lo hace deprisa. En estos tiempos en los que la energía se ha acelerado y la tecnología lo expone todo, pocas cosas siguen ocultas. Antes de emprender el camino espiritual, vivir en las mentiras del ego puede habernos parecido extrañamente seguro, casi cómodo. Pero, una vez que nos comprometemos con el camino, ese espacio se vuelve cada vez más incómodo y restrictivo.

Veo a muchas personas en caminos espirituales abiertas a exponer su verdad en algunas áreas de la vida, pero no quieren tocar otras. No funciona. Debemos estar dispuestos a afrontar la verdad en todas las situaciones, no solo en las que nos resultan convenientes. Los rincones de nuestra vida que permanecen en la oscuridad tienen que ser traídos a la luz para poder desarrollarnos con plenitud como los poderosos seres que estamos destinados a ser.

Este libro te ha ayudado a iniciar el camino para exponer esos rincones oscuros y ser honesto con respecto a lo que es real para ti. En este punto de tu práctica, es el momento de sumergirse con mayor profundidad en la verdad. Repasa el recorrido que has hecho con este libro. ¿Qué cosas tuyas han salido?

¿Qué has aprendido sobre ti mismo? ¿Qué sigues evitando? Tómate unos momentos para reflexionar. A continuación, con toda la honestidad que puedas reunir, anota en qué áreas de tu vida sigues negando la verdad. Esto puede provocar que te encojas o que se te acelere el corazón, incluso puede atemorizarte. Está bien: la honestidad requiere coraje.

La honestidad es imperativa para tu crecimiento y felicidad. Puede resultar atemorizante examinar lo que has estado ocultando. Pero ahora a mí me produce mucho más miedo no mirar. Confía en que, si has sido llamado a leer este libro, en este tiempo, has recibido una invitación a vivir más, a sentir más y a servir más. Esta invitación requiere que superes con honestidad cualquier cosa que te impida entrar más plenamente.

Es el momento perfecto para fortalecer el compromiso con tu práctica. Amma, la santa de los abrazos, dijo: «Cuando un huevo se resquebraja desde fuera, está aplastado. Cuando se resquebraja desde dentro, está naciendo». Permanece dispuesto a resquebrajarte desde dentro. Establece esta nueva intención: la de ser honesto con respecto a las áreas de tu vida que siguen dirigidas por el ego. Acepta que estar en el camino espiritual significa *entregarlo todo,* no solo las áreas fáciles de soltar.

El momento de entrar por completo y rendirse más es ahora. Perdona al progenitor que te produce resentimientos. Aborda tu adicción. Afronta tu temor más oscuro. Apuesta a lo grande y vuelve a casa, a la verdad que eres.

## Mensaje milagroso 104:

Afronta tu verdad o volverán a ponértela delante de la cara.

#MilagrosYa

# 105. LA VERDADERA ABUNDANCIA ES UN TRABAJO INTERNO

El temor y la inseguridad económica se han disparado en los últimos años. Con todos los informes negativos sobre la economía, resulta fácil quedarse enganchado en la mentalidad de la carencia. Enfocarse en la carencia genera más carencia —un verdadero círculo vicioso—, mientras que vivir en la abundancia produce más abundancia.

Lo que pensamos sobre el dinero nos lleva a tener ciertos sentimientos con respecto a él. Esos sentimientos emiten una energía que sustenta o daña nuestra capacidad de ganar dinero. La energía es como una moneda. Si queremos usar nuestra energía para ganar más y tener libertad económica, tenemos que limpiar nuestros pensamientos y creencias.

Empezamos a deshacer los obstáculos al tomar conciencia de ellos. En lo relativo a la abundancia, hay tres grandes obstáculos. Uno es la mentalidad de la carencia: la creencia de que nunca va a haber suficiente. Las personas que languidecen en esta mentalidad de la carencia están convencidas de que nunca conseguirán la abundancia y de que tienen que esforzarse siempre para sentirse seguras. El segundo gran obstáculo es la creencia de que tener cierta cantidad de dinero te hace «mejor que». Las personas que dan importancia al dinero consideran que no son lo bastante buenas o que son «menos que» si no tienen mucho, y los que tienen mucho no pueden disfrutarlo porque temen perderlo o porque tienen menos que algún otro. El tercer obstáculo a la capacidad de ganar dinero es la creencia de que no hay suficiente para todos; la abundancia tiene un límite y solo cierto número de personas consiguen experimentarla.

Sé testigo de tus pensamientos, energía y comportamiento en torno al dinero a lo largo del día. Cuando captes un pensamiento temeroso con respecto al dinero, usa ese momento para producir un cambio perceptual. Perdónate de inmediato por haber tenido ese pensamiento y elige verlo de otra manera. Tal vez te pilles mirando con melancolía el escaparate de una tienda y pensando: «Ojalá pudiera permitirme ese estupendo par de botas». En el acto, elige un nuevo pensamiento, como: «Me siento agradecida por lo que tengo, y elijo no centrarme en mis carencias». Este cambio tan simple puede reorientar tu energía y potenciar tu gratitud y positividad. De repente podrías ver el café *latte* que te estás tomando bajo una nueva luz, o recordar que te gustan mucho los zapatos que llevas puestos.

La verdadera abundancia comienza con nuestro sistema de creencias. Marie Forleo, fundadora de Rich Happy & Hot B-School, dice: «Comprométete a limpiar tus creencias y tu comportamiento con respecto al dinero, y estarás en camino de disfrutar una vida rica de verdad, por dentro y por fuera».

## Mensaje milagroso 105:

La verdadera abundancia es un trabajo interno.

#MilagrosYa

# 106. REPETIR UNA NUEVA CONDUCTA CREA UN CAMBIO PERMANENTE

Ahora tienes una caja de herramientas con más de cien técnicas para reducir el estrés, cambiar de estado de ánimo y alcanzar la paz. Tienes estas herramientas en el bolsillo de atrás para poder echar mano de ellas cuando las necesites. A fin de llevar tu práctica aún más lejos, vamos a ahondar más en uno de los ejercicios para que se convierta en tu segunda naturaleza. El cambio sostenible viene de la disciplina, el compromiso y la repetición.

Recuerda que Yogi Bhajan dijo que el noventa por ciento del trabajo consiste en el simple hecho de presentarse. Para practicar este principio, tómate tiempo para entregarte de todo corazón a un ejercicio que te haya inspirado. Tómate un momento para revisar cada ejercicio y después elige el que más necesites ahora mismo. No el que te parezca más fácil o más conveniente, sino el que más falta te hace en este momento. A continuación, establece la intención de practicarlo de manera continuada durante los próximos cuarenta días. Si te caes del vagón, vuelve a empezar desde el primer día.

Date la oportunidad de empaparte en esta práctica. Sumérgete en ella y deja que te envuelva. Permite que la herramienta tome el mando mientras empleas como guía la repetición para producir un cambio permanente. En cuarenta días puedes redirigir las rutas neuronales del cerebro para que el cambio sea sólido. Yogi Bhajan dijo que practicar cada día durante cuarenta días seguidos rompe cualquier hábito negativo que impida la expansión.

Si te sientes llamado a llevar uno de estos ejercicios aún más lejos, puedes seguir haciéndolo. Yogi Bhajan también dijo que practicar durante noventa días establece un nuevo hábito en tu consciente y en tu subconsciente. Te cambia de un modo muy profundo. Si practicas cada día durante ciento veinte días seguidos, confirmarás el nuevo hábito. Y si practicas mil días seguidos, te harás maestro de esa práctica.

La repetición te permite establecer una profunda conexión con la práctica elegida. Sean cuales sean los retos que afrontes, puedes pedir ayuda a tu práctica en todo momento.

Yogi Bhajan enseñó que un hábito es una reacción subconsciente en cadena, en la que intervienen la mente, el sistema glandular y el sistema nervioso. Los hábitos más profundamente enraizados se instauran a una edad muy temprana. Algunos te serán útiles y otros no. Si aplicas las prácticas durante cuarenta, noventa, ciento veinte o mil días, puedes redirigir la reacción en cadena y desarrollar hábitos nuevos y poderosos que sirvan a tu bien más alto.

### Mensaje milagroso 106:

Puedes desarrollar nuevos y poderosos hábitos
que sirvan a tu bien más alto.

#MilagrosYa

# 107. «ENSEÑAR ES APRENDER»

Como estudiante de espiritualidad, creo que de algún modo firmamos un juramento invisible para ser profesores. A medida que expandimos nuestra conciencia interna y somos testigos de cómo florece nuestra vida, sentimos el deseo de extender el amor. Nuestros dones espirituales crecen cuando los compartimos. *Un curso de milagros* dice: «Enseñar es aprender». Como profesora del *Curso*, puedo testificar que esto es verdad. He sido testigo de un crecimiento inmenso de mi conciencia espiritual y de mi fe después de comprometerme a ser una profesora.

Cuando empecé a estudiar el *Curso*, leí que los estudiantes se presentan cuando el profesor está preparado. Así fue en mi caso. En cuanto me comprometí a compartir la información que estaba aprendiendo, empezaron a aparecer mis alumnos. Se presentaron en forma de pupilos, miembros de la familia y gente del público cuando empecé a compartir mensajes a través de conferencias y vídeos. Cuando estás en un camino espiritual, la enseñanza viene de manera natural. No tienes que decidir a quién enseñar ni adónde ir. Más bien sigues siendo un humilde estudiante que está dispuesto a compartir los preciosos regalos que se te han dado.

En algunos momentos de mi camino espiritual, cuando decidí aprender más, fui guiada a enseñar más. Por ejemplo, antes de encontrar el *kundalini* yoga y la meditación, me sentí intensamente llamada a potenciar mi propia práctica. Aunque llevaba siete años como profesora espiritual, buscaba una experiencia más visceral del espíritu. Rezaba para saber más. Mis oraciones fueron respondidas pronto, cuando me invitaron a una clase privada de *kundalini* organizada por una querida amiga. Ni siquiera me gustaba el yoga, pero una voz interior me decía: «Pon el trasero dentro de esa clase». Desde que conocí a mi maestra, Gurmukh, y experimenté la tecnología del *kundalini,* supe que no solo sería una alumna dedicada, sino también profesora.

Cuando llevaba un mes asistiendo a clases de *kundalini,* empecé a decir en voz alta (a todo el mundo, incluso al público de mis conferencias) que iba a ser profesora de *kundalini.* No tenía la menor idea del origen de esta proclamación. El espíritu hablaba a través de mí y me hacía responsable de mis declaraciones ante miles de personas en salas de conferencias y Twitter. Me sentía llamada a enseñar.

Entonces, una tarde, en una clase de *kundalini,* no paraba de oír una voz interna que me decía: «Es hora de enseñar; es hora de enseñar». Al acabar la clase, le di las gracias a la profesora. Ella me miró y me dijo: «Gabrielle, estoy familiarizada con tu trabajo. Creo que deberías enseñar *kundalini».* Sonreí y acepté el memorando universal. Veinticuatro horas después me apunté a un curso de formación de doscientas setenta horas para profesores de *kundalini* yoga y meditación.

Convertirse en profesor espiritual no es una elección personal. Es un compromiso inconsciente que establecemos con el Universo. No es algo que hagamos; es algo que nos ocurre. Todos podemos enseñar de manera única. No tienes que ser autor de un libro de autoayuda ni un orador motivacional para ser profesor espiritual. Basta con ser un alumno espiritual con el deseo de servir. Yogi Bhajan dijo: «Si quieres aprender algo, lee sobre ello. Si quieres entender algo, escribe sobre ello. Si quieres ser maestro de algo, enséñalo». Has llegado hasta aquí y es probable que estés escuchando tu propia llamada a enseñar. No niegues esa voz interna. No la apartes con creencias limitantes como «no estoy preparado para esa formación de profesores» o «¿quién soy yo para compartir estas herramientas?». Todo eso es un montón de basura. Cuando tomas la decisión de compartir tus dones, el espíritu te da todo lo que necesitas para facilitar el proceso.

Los principios de este libro están diseñados para ser compartidos porque el mundo necesita desesperadamente más luz. Cuando te sientas llamado a compartir la conciencia espiritual que ahora tienes, no dudes en alzar tu voz. Sé el faro. Otros se iluminarán con tu luz.

*Un curso de milagros* nos enseña: «El milagro es un servicio. Es el máximo servicio que le puedes prestar a otro. Es una manera de amar al prójimo como a ti mismo, en la que reconoces simultáneamente tu propia valía y la de tu hermano». Necesitamos más obradores de milagros para equilibrar la energía de estos tiempos. Te necesitamos.

## Mensaje milagroso 107:

«Si quieres aprender algo, lee sobre ello.
Si quieres entender algo, escribe sobre ello.
Si quieres ser maestro de algo, enséñalo.»

YOGI BHAJAN

#MilagrosYa

# 108. TÚ ERES EL GURÚ

Hemos llegado muy lejos en este camino. A estas alturas es posible que te sientas bien equipado para lidiar con las áreas difíciles de tu vida, para superar el estrés y ofrecer guía a las personas necesitadas. Esta nueva caja de herramientas te permite experimentar la vida con más gracia y paz, más libre de temor. Esto es un milagro.

Aún habrá muchos momentos de duda con respecto a ti mismo y de autosabotaje. Habrá resistentes en el mundo externo y violentas reacciones del ego en el mundo interno. Habrá obstáculos que intentarán impedir que tengas fe en el amor.

Estos obstáculos pueden vencerte o elevarte. Depende de cómo elijas percibirlos. Si afrontas los obstáculos con una mentalidad milagrosa, encontrarás oportunidades de crecer en lugar de impedimentos en tu camino. Si continúas confiando en tu sistema de guía interno, siempre serás llevado en la dirección correcta. Acepta que la guía que necesitas está dentro de ti.

Tú eres el gurú; es el momento de integrarlo. Sí, seguirás siendo guiado por otros profesores y sanadores que te ayudarán a fortalecer tus músculos milagrosos, pero la verdadera dirección debe venir de dentro.

Jesús dijo:

> *Si manifiestas lo que está dentro de ti,*
> *lo que manifiestes te salvará.*
> *Si no manifiestas lo que está dentro de ti,*
> *lo que no manifiestes te destruirá.*

Este ha sido un camino de desaprender los temores del pasado y de reclamar la amorosa verdad interna. Mientras continúas aplicando estos principios en tu vida, la voz del amor pronto se convertirá en la única que oigas. La voz del amor nunca te abandonará.

Usa este libro durante el resto de tu vida. Cuando estés confuso, abre el libro por cualquier página y confía en que tu guía interno te lleve al ejercicio perfecto. Ten fe en que las páginas que abras reflejarán exactamente lo que necesites aprender en ese momento. Confía en tu guía y seguidamente actúa.

Confía en que tienes todas las respuestas, todos los recursos y todo el conocimiento para permanecer presente en esta vida con fuerza y magnitud. Despliega tu poder interno con la convicción de un santo. No olvides que tú eres el gurú.

## Mensaje milagroso 108:

### Tu eres el gurú.

#MilagrosYa

El comienzo...

# AGRADECIMIENTOS

Muchas personas me han ayudado a traer este libro al mundo. En primer lugar quiero dar las gracias a mi agente, Michele Martin. Tú eres mi socia literaria y es un honor caminar contigo por esta vida. Gracias a Louise Hay, Reid Tracy, Patty Gift y todo el equipo de Hay House; es maravilloso formar parte de vuestra familia editorial. Gracias por todo el trabajo duro que habéis invertido en este libro. A Kelly Wolf y mi asombroso equipo de relaciones públicas de Sarah Hall PR, gracias por ayudar a compartir este libro con el mundo. Doy gracias a mi correctora, Katie Karlson, por aportar su magia a cada uno de mis libros. Y quiero dedicar un agradecimiento especial al equipo de diseño, que creó la cubierta y las fotos interiores: Chloe Crespi, Emily French, Michael O'Neill y Katrina Sorrentino.

A mi marido, Zach, gracias por creer siempre en mí y por darme espacio para compartir este trabajo con el mundo.

Por último, me gustaría dar las gracias a Yogi Bhajan y la comunidad de yoga Golden Bridge por ayudarme a convertirme en una profesora más capacitada y por expandir mi conciencia interna.

*Sat Nam.*

# SOBRE LA AUTORA

**Gabrielle Bernstein** es autora del éxito de ventas de *The New York Times May Cause Miracles*. Visita regularmente como experta el programa *Today Show*, de la NBC, y ha sido presentada en *Super Soul Sunday*, de Oprah Winfrey, como líder del pensamiento de la nueva generación. Fue nombrada Nuevo Modelo de Rol por el periódico *The New York Times*. También es autora de los libros *Add More ~ing to Your Life* y *Spirit Junkie*. Gabrielle es fundadora de HerFuture.com, una red social para que las mujeres se inspiren, se empoderen y se conecten.

Gabrielle ha sido elegida como una de las dieciséis YouTube Next Video Bloggers, y Mashable ha señalado su cuenta de Twitter como una de las once que se deben seguir para inspirarse. También ha aparecido en la lista Forbes de las veinte Best Branded Women. Gabrielle tiene una sección mensual en *The Today Show* y un programa de radio semanal en Hay House Radio. Ha aparecido en numerosos medios de comunicación, como *The New York Times Sunday Styles*, *ELLE*, *OWN*, *Kathie Lee & Hoda*, *Oprah Radio*, *Anderson Live*, *Access Hollywood*, *Marie Claire*, *Health*, *SELF*, *Women's Health*, *Glamour*, *The New York Times Thursday Styles*, *The Sunday Times UK* y muchos más. También ha aparecido en las cubiertas de *Experience Life* y *Self-Made Maganize*.